电力机车优化操纵基本知识及操纵方法

济南铁路局机务处　组织编写

中 国 铁 道 出 版 社
2010年·北 京

内 容 简 介

本书共分七部分，主要内容包括：机车优化操纵基本知识；机车牵引、惰行、制动优化操纵及综合问题；机车开放式和保守式两种宏观优化操纵方法；列车跟踪运行优化操纵问题；优化操纵环境问题；常用机车微观优化操纵方法介绍；列车优化操纵示意图。

本书可作为机车司机学习机车优化操纵知识及技术的参考教材；也可作为优化调度、优化工电施工等教学科研参考资料；还可作为机车优化操纵、列车优化调度计算机软件开发设计参考资料。

图书在版编目(CIP)数据

电力机车优化操纵基本知识及操纵方法/济南铁路局机务处组织编写．—北京：中国铁道出版社，2010.8

ISBN 978-7-113-11775-7

Ⅰ.①电… Ⅱ.①济… Ⅲ.①电力机车—机车操纵
Ⅳ.①U268.4

中国版本图书馆 CIP 数据核字(2010)第 157081 号

书　　名：**电力机车优化操纵基本知识及操纵方法**
作　　者：济南铁路局机务处　组织编写

责任编辑：王风雨　　**电话**：010-5183139　　**电子信箱**：tdpress@126.com
封面设计：崔　欣
责任校对：张玉华
责任印制：郭向伟

出版发行：中国铁道出版社(100054，北京市宣武区右安门西街 8 号)
网　　址：http://www.tdpress.com
印　　刷：三河市华业印装厂
版　　次：2010 年 8 月第 1 版　2010 年 8 月第 1 次印刷
开　　本：880 mm×1 230mm　1/32　印张：4.375　字数：110 千
印　　数：1～5 000 册
书　　号：ISBN 978-7-113-11775-7
定　　价：13.00 元

前言

电力机车优化操纵理论是实践性很强的一门应用软科学，它不仅具有理论意义，更具有现实安全和经济意义。

济南西机务段对内燃牵引条件下的机车优化操纵理论及应用技术研究已开展多年，从最初的经济操纵、节能操纵到优化操纵，其研究不断深入。作为国内最早提出优化操纵者之一，围绕此问题发表的论文多达20篇，并结合实际制定和采取了多项措施。

对该项问题的有关研究，在1999年曾引发济南铁路局以节能、降耗、提效为目的的“三项攻关”活动，该活动在济南铁路局持续数年，取得巨大成功。

济南西机务段在2006年7月1日开始使用电力机车，由于机车司机操纵技术等方面的问题，重货列车运缓、坡停、停于无电区等问题时有发生，这些问题亟待研究解决。为此济南西机务段提出“电力机车优化操纵理论及应用技术研究”课题，上报济南铁路局科委。2009年列为路局科技研究开发计划项目。

针对机车优化操纵问题，国内外对机车优化操纵的研究大多只限于节能问题的研究，而且多停留在理论探讨上，而对于节能驾驶指导装置目前还没有进入应用阶段，至少还没有大面积推广使用。因为大多数数学模型是依据给定的运行时间作为约束条件，而这一时间多为图定时间，所以数学模型只能给出在给定时间或前方信号显示状态下的驾驶指导，目前对于普通客车、货物列车还无法适时给出对应于实际限制条件的优化驾驶方案。

因此，现阶段由于列车运行限制条件的复杂性等客观条件限制，货物列车在相当长时间内是离不开人工控制的。对以人工控制为主的电力机车优化操纵理论及应用技术进行研究是非常有必要的。

“电力机车优化操纵理论及应用技术研究”课题，于2010年1

月通过了济南铁路局科委组织的科技成果鉴定。

本书是该项研究课题的一个重要组成部分，编写本书的主要目的有两个：一是通过向机车司机培训机车优化操纵基本知识、观点和具体的操纵方法，纠正错误操纵习惯，提高优化操纵技术水平；二是通过本书促进国内对机车优化操纵问题研究，以便集中群体智慧尽快形成对机车乘务员进行机车优化操纵培训教育的基础性教材。

本书对机车优化操纵基本知识和操纵要点进行分析和重点介绍，便于司机查对学习，也使本书具有更强的指导性和针对性。有关结论的详细论证过程可参阅所附参考文献。

本书力求精炼、实用，以便于读者能用较短时间了解、掌握机车优化操纵有关知识。

本书作为机车司机培训教材时，对机车优化操纵基本知识方面，可只重点要求掌握有关结论；而对具体的操纵方法，应详细进行培训。

本书编写人员：韩长虎、刘杰民、高军、李翔鹏、沈泓、徐浩东、冷广平、李玉山、尹义伟、刘胜伟、方海鹏、汪朋辉、郝建杰、王志刚。

审核人员：单立军、仇世进、尹毓伟、张天清。

本书所附"京沪下行线济南西—大汶口间列车优化操纵示意图"由韩飞、宋宇平、王军委、范昌、张恒桥、王华编制。

本书得以面世，得益于许多领导的支持和同志们的帮助。郑州局列车牵引与制动专家孙中央、北京交通大学教授张家栋等专家提出了指导性意见。在此表示衷心感谢。

由于经验不足，加之受我们水平所限，书中错误与不当之处在所难免，敬请读者批评指正，以便于使之不断改进完善。

编者

2010年7月

目 录

一、机车优化操纵基本知识

1. 机车优化操纵

机车优化操纵（以下简称优化操纵）是研究在一定操纵环境条件下，如何使列车运行安全（平稳、减少断钩、坡停、分相区停车等）、经济（节省能源）、效率（减少运缓提高技术速度、旅行速度）相统一的一门科学。

按操纵目的或侧重点的不同优化操纵又可分为经济操纵、平稳操纵、安全操纵等。

按操纵环境优化度来分，可分为广义和狭义两种(参见第3条)。

2. 操纵环境

所谓操纵环境是指除机车操纵以外所有外部约束条件。如站场、线路、信号设置，调度指挥方式，乘务方式，列车运行图规定的运行时刻，机车牵引特性、制动特性、总效率特性，列车编组及阻力特性，监控装置控制模式，以及各级、各部门制定的经济技术政策等，它们共同制约着列车操纵，操纵环境对机车优化操纵有巨大反作用。

3. 广义和狭义的优化操纵

优化操纵从广义上讲是指操纵环境和机车司机操纵技术同步进行优化，系统进行治理。它使列车运行系统得到整合，系统能产生出最佳安全、效率、效益。

优化操纵从狭义上讲，就是仅从机车司机单方面挖潜，存有局限性。

通常我们所讲的优化操纵是从狭义上讲的，主要靠机车司机自身的素质。鉴于操纵环境的重要性，广义的优化操纵日益受到铁路各级领导及科研部门的关注。

4. 安全、效率、经济在优化操纵中的涵义

安全、效率、经济效益在优化操纵理论中的地位是这样的：安全是前提，效率是根本，经济效益是中心。其内涵主要是：

所谓安全主要是指司机应严格按信号显示要求运行，并严格遵守各种限制速度，使列车平稳运行，遇有紧急情况，果断采取措施，防止事故发生。

所谓效率是指在安全的前提下，司机要尽可能提高列车运行速度，缩短运行时间，加速机车、车辆周转，提高社会效益。在列车密度高的区段，尤其要掌握好列车跟踪操纵技术，在优化运行秩序上狠下工夫，这是提高运行效率的关键。

所谓经济是指依据实际限制条件，只有当采用与之相对应的优化操纵方法时，才能使列车运行得到优化，达到相对应运行条件下的最佳节能状态。节能是明显的直接的经济效益。而效率从根本上讲也是经济效益，如旅行速度提高会加速机车、车辆周转，减少机班供应，减少空载耗能；运行秩序优化会减少制动损失。其实效率所产生的间接和直接经济效益更为广泛。

5. 列车运行限制条件

列车运行是有一定限制条件的，这种限制条件主要是列车走行某段距离时的限定时间。在不同的限定条件下，机车司机要采用与之相对应的优化操纵方法，才会产生出最佳效益。列车运行限制条件从宏观上可分为理想和非理想条件两类。

理想条件是指列车在较长的距离范围内按列车运行图规定的运行时刻运行不受任何波及（阻碍影响）或者司机早已知道前方站安排停车，并且前方站进路能及时准备妥当时。

非理想条件是指列车按运行图规定的运行时刻通过某一地点必将受到柔性或刚性波及（柔性波及为弱阻碍影响、刚性波及为强阻碍影响，参见第 52 条），或当前方站安排停车，并且进路不能及时准备妥当时。

列车运行限制条件是优化操纵理论及应用研究的重要内容之一，机车优化操纵理论反复强调机车司机在操纵列车时必须以实际限制条件为依据，针对不同限制条件，适时采用与之对应的优化操纵方法。另外，比较任意两种操纵方法优劣与否，也是离不开列车运行限制条件的。

6. 优化操纵在节能方面寻求的是满意解

关于优化操纵在节能方面寻求解(解在此指耗能量)的问题，历来存有争议。有人可能认为不寻求最优解或寻不到最优解的操纵就不能算做优化操纵。其实这种认识是片面的，对实践是极为有害的。理性分析表明，无论是人工控制，还是计算机寻求最优方案，都很难得到“真正的最优解”。因此，通常优化操纵所得到的是满意解，而不是“真正的最优解”。

满意解不同于一般解。满意解是采用优化操纵方法才能取得的，它接近于“真正的最优解”。但其接近“真正的最优解”的程度取决于机车司机的优化操纵技术水平，或计算机寻优所采集的各种约束条件(参数)的真实或准确性。

7. 简述优化操纵理论的主要研究工具和方法

列车牵引计算理论是优化操纵理论研究的主要工具，它还要借鉴数学、力学、热力学等各种学科的研究成果。它的主要研究方法是系统的、宏观的、逻辑的、辩证的、抓主要矛盾的、具体问题具体分析的、试验的和比较的方法等。

优化操纵理论及应用技术研究就是实事求是，具体问题具体分析。它反对一刀切，反对形而上学。它是辩证地、系统地、全面地去看问题。这是因为，现实中在运输繁忙的铁路干线，非理想条件也是经常存在的。如果不区分运行限制条件，而是盲目地、一味地采用开放式操纵追求所谓高技速，必将遭受客观规律的惩罚。不仅无经济、效率可言，而且也无安全可言。

二、机车牵引、惰行、制动优化操纵

(一)机车牵引优化操纵问题

8. 列车阻力

(1)列车阻力是与列车运行方向相反、阻碍列车运行的、司机不可控制的外力。

(2)按产生原因,列车阻力可分为基本阻力和附加阻力。

基本阻力是机车和车辆在运行中(包括起动时)永远存在的阻力。列车在平直道上运行时,只有运行基本阻力。在平直道上起动时,只有起动基本阻力。运行基本阻力是随运行速度增大而增加的。因此,基本阻力的大小,机车司机虽然不能直接控制,但也可通过调整运行速度间接进行控制。引起基本阻力的因素很多。其中最主要的是机车、车辆零部件间,机车、车辆表面与空气和车轮与钢轨间的相互摩擦和冲击。

附加阻力只发生在个别情况下。例如:在坡道上运行时有坡道附加阻力,在曲线上运行时有曲线附加阻力,在隧道内运行时有隧道空气附加阻力等。坡道附加阻力不随速度发生变化,曲线附加阻力一般认为也是不随速度变化而变化的。

基本阻力与附加阻力之和称为全阻力。

(3)按作用范围,列车阻力可分为总阻力和单位阻力。

总阻力是作用在机车、车辆或列车全部重量上的阻力。用“W”表示。单位是 kN。

单位阻力是平均到机车、车辆或列车每 kN 重力上的阻力。用“w”表示。单位是 N/kN。

(4)机车、车辆单位起动基本阻力

电力、内燃机车的单位起动基本阻力 w'_q 均取 5 N/kN。

滚动轴承货车的单位起动基本阻力 w''_q 均取 3.5 N/kN。

(5)机车、车辆单位运行基本阻力

SS_4 型机车	$w'_0=2.25+0.019v+0.000\ 320v^2$
各型 DF_4、DF_{7D}机车	$w'_0=2.28+0.029\ 3v+0.000\ 178v^2$
ND_5 型机车	$w'_0=1.31+0.0167v+0.000\ 391v^2$
21、22 型客车	$w''_0=1.66+0.007\ 5v+0.000\ 155v^2$
25B、25G 型客车	$w''_0=1.82+0.010\ 0v+0.000\ 145v^2$
滚动轴承重货车	$w''_0=0.92+0.004\ 8v+0.000\ 125v^2$
油罐专列	$w''_0=0.53+0.012\ 1v+0.000\ 080v^2$
空货车	$w''_0=2.23+0.005\ 3v+0.000\ 675v^2$

9. 单位运行基本阻力强弱特性

由前述单位运行基本阻力公式可以清楚地看到:单位运行基本阻力无论是机车还是车辆均随速度的增加而增大,但其增加的幅度却存有一定差别。单位运行基本阻力随速度变化幅度较大的我们称其具有强特性,反之为弱特性。强弱特性是相对的,是相比较而存在的。显然,空车与重车相比,空车呈强特性,重车呈弱特性。

10. 运行基本阻力特性与节能操纵的关系

阻力分为基本阻力和附加阻力。附加阻力一般认为是不随速度变化而变化的。也就是说,作为已定列车要走完某区段,机车牵引力克服附加阻力所做的功是一定值,是司机所无法改变的。而机车牵引力克服运行基本阻力所做的功却是一个变量,随图定时间、调度方式、操纵方式等不同而不同。这个变量越大,当牵引运行时就意味着机车耗能就越多。由于列车运行基本阻力是随运行速度的增加而增大的。

因此,可以这样认为:似乎列车运行速度越低,牵引运行同样距离机车部分或全部牵引力克服部分或全部运行基本阻力所做的功就越小,耗能就越小。

基本阻力是列车运行中(包括起动时)永远存在的阻力。无论是机车、客车还是货车运行基本阻力都随运行速度的提高而增加,具体数值参见表 1。

表 1　部分机车、车辆单位运行基本阻力数值(N/kN)

运行速度(km/h)	10	20	30	40	50	60	70	80	90
SS_4 型机车	2.47	2.76	3.11	3.52	4.00	4.54	5.15	5.82	6.55
各型 DF_4、DF_{7D}	2.59	2.94	3.32	3.74	4.19	4.68	5.20	5.76	6.36
ND_5 型机车	1.52	1.80	2.16	2.60	3.12	3.72	4.40	5.15	5.98
21、22 型客车	1.75	1.87	2.02	2.21	2.42	2.67	2.94	3.25	3.59
25B、25G 型客车	1.93	2.08	2.25	2.45	2.68	2.94	3.23	3.55	3.89
滚动轴承重货车	0.98	1.07	1.18	1.31	1.47	1.66	1.87	2.10	2.36
油罐专列	0.66	0.80	0.97	1.14	1.34	1.54	1.77	2.01	2.27
空货车	2.35	2.61	3.00	3.52	4.18	4.98	5.91	6.97	8.17

在目前机车、车辆运行基本阻力特性下，列车运行速度每增加 10 km/h，普通、快速旅客列车，重货、重油罐专列、空货列车，其运行基本阻力分别平均约增加 10.6%、11.3%、12.2%、16.7%、17.0%。

11. 机车总效率特性与节能操纵的关系

电力机车牵引运行时，机车供电电能经传动装置转变为轮周功。但并不是机车从接触网获得的全部电能都能转化为轮周功，而得到利用的电能只占总获得电能的某一比例，这个比例在数值上应等于电力机车牵引运行时的机车总效率。因此，电力机车牵引运行时的瞬时机车总效率等于机车轮周功率占供电功率的百分数；电力机车牵引运行在某段距离的机车平均总效率等于机车轮周功(有用功)占耗电量(总功)的百分数。电力机车总效率随手柄级位的提高总体呈上升趋势。

各型内燃机车都存在经济挡位，比如 ND_5 型机车，6～8 位为经济手柄位，并以 7 位最经济。各型内燃机车的一个显著特点是：经济手柄位都较高。

因此，单纯从机车做功效率讲，使用经济挡位机车单位牵引功的耗能量低，应该说是节能的。

12. 运行基本阻力特性与机车总效率特性在牵引节能问题上是一对矛盾

从列车运行基本阻力角度考虑，列车运行速度越低，牵引运行同样距离机车部分或全部牵引力克服部分或全部运行基本阻力所做的功就越小，耗能就越小，就越经济；

但从机车总效率方面来看，使用经济手柄位机车单位牵引功的耗能量低，应该说越经济。但经济手柄位都较高，使用高手柄位因功率较大，在同一线路条件下与低手柄位相比列车运行速度高，运行基本阻力便增加，导致机车牵引力多做功，多做功就会多耗能。

显然，机车总效率随手柄级位变化的特性与运行基本阻力特性在机车牵引运行耗能问题上是一对矛盾。

是手柄位置高节能？还是手柄位置低节能？

是运行速度高节能？还是运行速度低节能？

是维持恒速节能？还是锯齿形操纵节能？

这就要看上述两个特性哪个是主要矛盾，哪个是次要矛盾；谁占主导地位，谁居从属地位。

13. 均衡速度模型

机车以某一手柄级位牵引列车合力为零，列车作等速运行时所对应的速度，为均衡速度。

机车分别以不同手柄级位，牵引同一列车在坡度值恒定的线路上以各自相对应的均衡速度运行相同距离，计算比较分别使用各手柄级位时的耗能量，这就是均衡速度理论分析模型，简称“均衡速度模型”。

均衡速度模型要求线路坡度值恒定，要求作等速运行，其目的就是简化比较条件，便于使复杂问题简单化，便于进行计算或模拟实验，便于直接进行比较，便于得出一般性结论，便于深化我们对节能问题的认识。因此，均衡速度模型是列车节能问题研究的一个有力工具。

14. 电力牵引节能操纵第一论断

第一论断所回答的是：牵引运行时是运行速度（手柄位置）高

节能，还是运行速度（手柄位置）低节能第一个基本问题。

第一论断可表述如下：由目前电力机车总效率随手柄级位或牵引功率变化而变化的特性和列车运行基本阻力特性所决定，一般而言，在运行时间不受限制的前提下牵引运行时，手柄级位或功率越低，即列车运行速度越低越节电；反之越费电。从节能角度，列车运行基本阻力特性是主要矛盾方面，居主导地位；机车总效率随手柄级位或牵引功率变化而变化的特性是次要矛盾方面，居从属地位。

以上是对第一论断的一般性表述，可进一步解释如下：

①牵引运行早点不是最节电操纵方式。

②牵引空货列车无论是何种线路纵断面，手柄级位越高，越费电；反之越省电。

③越在下坡道运行，无论空车还是重车，低手柄比高手柄运行节电效果更加明显；反之，越不明显。

④除3‰及以上上坡道之外，牵引重货列车在其余线路纵断面上运行，能较好地符合一般性表述中的规律；当在超过3‰上坡道牵引运行时，可能会出现低手柄位比高手柄位费电的情况，但这种差别较小。

⑤牵引重货列车其经济性大大高于空货列车，当两者运行速度近似时，每吨重量空车约是每吨重车用电量的3倍。

⑥牵引空货列车（基本阻力呈强特性）时的经济性受运行速度影响的程度比重货列车（基本阻力呈弱特性）明显。

⑦在平道上牵引运行时，重货列车速度每增加10 km/h，约增高耗电13%。

⑧此种规律可扩展到牵引运行、惰力运行、制动运行的组合过程中。

15. 第一论断的现实意义

（1）该论断与提速并不矛盾，关键是在什么条件下去应用。因列车运行总有一定时限要求，节能问题在一定程度上也必须服从于宏观经济效益。但客观规律还是应当揭示的，该论断若能应用在非理想条件下将具有现实经济意义。

(2)牵引运行高速一般要比低速多耗电。列车运行时刻的制定是一个复杂问题,既要考虑社会效益,也要考虑经济效益。运行速度与耗电量的关系是列车运行图运行时刻铺划的一个重要约束条件,运行时刻可参照以下规则制定。

①上坡道区间用较高手柄位牵引运行铺划。

②下坡道区间运行尽量多采用惰行铺划。

③列车运行至长大下坡道前牵引转惰行地点的速度尽可能低。

④运量少的区段,运行时刻可适当放宽。

(3)非理想条件下运行,若采用适度牵引保守式操纵(参见43条),可取得双重节电效果。一重是因克服运行基本阻力做功减少,另一重是避免了不必要制动损失。

(4)当车站安排重货列车停车时,应提前足够时间预告机车司机,如果可能,应说清限制时间要求,以便司机更多地采用惰行,取得双重节电效果。

(5)加强运输组织,尽量减少空车率。

16. 第一论断成立的证据及成立的本质

利用均衡速度模型用 SS_4 型电力机车进行了试验模拟。

国内研究:文献[7]对北京型内燃机车牵引旅客列车进行了分析计算,所得计算结果与第一论断不谋而合。从所列数据可计算出,旅客列车牵引运行速度每递增 10 km/h,约增加耗能 8%。

国外研究:文献[8]曾用实际实验数据深入研究过运行时间与节能的关系问题,文中所列数据与第一论断吻合。该文献还对运行时间和能耗的关系做出了精辟阐述:“一般来说,规定的时间越长,能量消耗就越小。”这与第一论断是一致的。但他并未揭示出形成这种规律的本质。

从理论上对第一论断的正确性进行了一般性论证。

电力牵引第一论断与内燃牵引第一论断是基本一致的。在列车牵引运行节能问题上,机车总效率随手柄位变化的特性与运行基本阻力特性在机车牵引运行耗能问题上是一对矛盾。无论是电力还是内燃牵引，之所以呈现此种规律，是因为列车运行基本阻力特性是主要矛盾，是由它所决定的。

17. 电力牵引节能操纵第二论断

铁路运输对列车运行总是有一定时限要求的，在走行同一距离并须遵守同一时间时，牵引运行是恒速操纵节能？还是锯齿形操纵节能？这也是机车节能操纵需要澄清的第二个基本问题。

第二论断可作如下表述：由机车总效率随手柄位或牵引功率变化而变化的特性和列车运行基本阻力特性所决定，在不考虑制动工况时，机车牵引列车在规定时间内走行同一距离，一般而言，列车速度波动程度小的操纵方式比波动程度大的方式节能。当列车以恒速运行时，在上述条件下，这种操纵方式的平均运行基本阻力将达到最小值，机车牵引力克服运行基本阻力作功也将达到最小值，因而这种操纵方式一般为上述条件下的最节能操纵方式。

以上是对第二论断的一般性表述，可进一步解释如下：

①呈现这种规律的本质原因是列车运行基本阻力特性所决定的，因为一般来说它是矛盾的主要方面。

②运行基本阻力强特性比弱特性（运行基本阻力随速度变化幅度大者为强特性，如空车；反之为弱特性，如重车）呈现此种规律明显。

③一般情况是遵守这种规律，但它比第一论断更容易打破。当这种规律被打破的个别情况，也正是矛盾的主次关系发生变化的情况，即此时机车总效率随手柄位或牵引功率变化的特性起主导作用。

④此种规律可扩展到与惰行组合的过程中。

⑤电力牵引第二论断与内燃牵引第二论断是基本一致的。

18. 第二论断的现实意义

①根据第二论断我们得知在遵守同一限制时间的前提下牵引运行时，锯齿形操纵不如维持恒速节能。因此，对一次走行距离较长，并在理想条件下（参见第 5 条）运行的列车，司机应通过调节手

柄位使列车保持较为恒定的速度运行(接近停车站或接近长大下坡道前转惰行时除外),尤其是牵引空货列车。

②当同一列车遵守同一时间牵引(包含惰行)走行相同距离时,因各种操纵方式能耗差别不大。因而无论是司机操纵,还是科学研究应摆脱这一问题的束缚,把主要精力转移到如何避免不必要制动损失上来,这是颇具现实经济意义的。

③在运行时间相同的前提下,一般情况锯齿形操纵不如维持恒速节能。但在非理想条件下(参见第 5 条),为避免前方即将产生的不必要制动损失,必须采用适度保守式操纵(参见第 44 条),而锯齿形操纵往往是适度牵引保守式操纵的一种重要表现形式。

19. 电力牵引节能运行第三论断

第三论断所回答的是牵引重量高节能还是牵引重量低节能第三个基本问题。

文献[26]采用 ND_5 型内燃机车和 SS_7 型电力机车牵引,以平直线路为例不考虑起动加速过程和制动过程,当机车以 60 km/h 恒速牵引不同编组的列车在平直线路上走行 100 km 时,计算出在该过程中不同编组情况下的机车耗能量和单位耗能量。

表 2 空、重货车不同牵引重量下机车单位能耗量规律显示表

牵引重量 G (t)	轮周功 $W_{牵}$ (GJ)		机车能耗量		万 t·km	单位能耗量		单耗降低数量	
			E_y (kg)	Q_y (kW·h)		e[kg/(万 t·km)]	q [kW·h/(万 t·km)]	kg/(万 t·km)	kW·h/(万 t·km)
	ND_5	SS_7	ND_5	SS_7		ND_5	SS_7	ND_5	SS_7
$G_{空1}$=300	1.958 3	1.855 5	158	765	3	52.67	255.00		
$G_{空2}$=600	3.423 9	3.321 1	267	1 173	6	44.50	195.50	8.17	59.50
$G_{空3}$=900	4.889 5	4.787 6	369	1 580	9	41.00	175.56	3.50	19.94
$G_{空4}$=1 200	6.355 1	6.252 3	464	1 987	12	38.67	165.58	2.33	9.98
$G_{空5}$=1 500	7.820 7	7.718 0	555	2 394	15	37.00	159.60	1.67	5.98
$G_{重1}$=500	1.306 9	1.204 1	105	584	5	21.00	116.80		
$G_{重2}$=1 000	2.121 1	2.018 3	168	811	10	16.80	81.10	4.20	35.70

续上表

牵引重量 G (t)	轮周功 $W_{牵}$ (GJ)		机车能耗量		万 t·km	单位能耗量		单耗降低数量	
			E_y (kg)	Q_y (kW·h)		e[kg/(万 t·km)]	q [kW·h/(万 t·km)]	kg/(万 t·km)	kW·h/(万 t·km)
	ND_5	SS_7	ND_5	SS_7		ND_5	SS_7	ND_5	SS_7
$G_{重3}$=1 500	2.935 3	2.832 6	229	1 037	15	15.27	69.13	1.53	11.97
$G_{重4}$=2 000	3.749 6	3.646 8	287	1 263	20	14.35	63.15	0.92	5.98
$G_{重5}$=2 500	4.563 8	4.461 0	344	1 489	25	13.76	59.56	0.59	3.59
$G_{重6}$=3 000	5.378 0	5.275 3	399	1 715	30	13.30	57.17	0.46	2.39
$G_{重7}$=3 500	6.192 3	6.089 5	453	1 942	35	12.94	55.49	0.36	1.68
$G_{重8}$=4 000	7.006 5	6.903 7	504	2 168	40	12.60	54.20	0.34	1.29
$G_{重9}$=4 500	7.820 7	7.718 0	555	2 394	45	12.33	53.20	0.27	1.00
$G_{重10}$=5 000	8.635 0	8.532 2	603	2 620	50	12.06	52.4	0.27	0.80

表 2 中所列数据可以清楚地看到不同牵引重量下机车单位耗能呈现出明显的规律，我们把这种规律称之为"列车节能运行第三论断"。

列车节能运行第三论断可表述为：机车牵引列车运行时，一般而言，牵引重量越小机车单位耗能越高；反之，牵引重量越大机车单位耗能越低。

第三论断，也即牵引重量与机车单位耗能之间呈现此种规律的原因如下：机车牵引列车运行时，其耗能应分为二部分，一部分是机车自身运行耗能，另一部分是后部车辆运行耗能。而机车单位耗能量却总是用总耗能量除以牵引重量形成的万吨公里数。在一定运行速度下，走行某一距离，机车自身耗能量相对固定。因此，当牵引重量过小时，形成的万吨公里数少，却要将一定运行速度下较固定的机车自身耗能分摊到每个万吨公里中去，故造成机车单位耗能量会很高；随着牵引重量增大，机车单位耗能会随之降低。但随着牵引重量增大，其单位牵引重量的机车单位耗能降低幅度逐渐变小。

20. **第三论断的现实意义**

第三论断虽然不是机车优化操纵所研究的对象，但对于机车操纵环境或列车运行环境却是应重点研究的对象。它对于铁路运输的现实指导意义就在于，通过优化运输组织，应尽量减少欠轴列车的开行，并应尽量开行满轴、超轴列车。懂得了这种规律，也就更加清楚了“小编组以及双机牵引重载列车机车耗能增高的原因(通常情形下因重载列车需双机牵引，平均每台机车的牵引重量远比单车牵引时要低。当然，单机牵引重载列车例外)；懂得了这种关系，当制定机车单位耗能指标时，必须综合考虑空、重车及牵引重量等复合因素，才能客观公正地去评价、考核基层单位或评价、考核机车司机，调动其积极性。

利用表 2 数据可方便得出双机牵引重载列车与单车牵引相比增加的耗能数据，这对于经济性预测提供了方便。

(二)惰行优化操纵问题

21. **列车动能**

物体由于运动而具有的能量叫做动能。

列车到达某一速度后，都具有一定的动能。动能 E_k 其大小与列车质量成正比，与速度的平方成正比。可用下面数学式表达：

$$E_k=\frac{1}{2}mv^2 \quad (J)$$

式中 m——列车质量，它等于机车质量加牵引质量，kg；

v——列车运行速度，m/s。

例如：HXD_3 型机车($P=138$ t)，牵引 $G=5\ 500$ t 的列车，当运行速度达到 80 km/h 时，求列车获得的动能。

解：将已知条件化为国际单位，得：

$$m=P+G=5\ 638\ t=5.638\times10^6\ (kg)$$

$$v=80\ km/h=800/36\quad (m/s)$$

将 $m=5.638\times10^6$，$v=800/36$ 代入上式，得

$$E_k = (1/2)\times 5.638\times 10^6\times (800/36)^2$$
$$\approx 1\ 392.10\times 10^6 (\mathrm{J})$$

列车获得的动能为 1 392.10×10^6 焦耳，相当于 386.7 kW·h 或 526.1 马力·小时，能量是巨大的。

22. 列车获得动能的宏观性结论

运行基本阻力、曲线阻力、上坡道阻力等阻力，其方向始终是与运行方向相反的，对列车做的是负功。因此，只能会消耗列车动能，绝不可能增加列车动能；只有牵引力、下坡力与运行方向相同，对列车做正功。

从局部来看列车获得的动能，有时为机车牵引功转化而成，有时为下坡道重力势能转化而成，或者为两者共同作用的结果。当上、下行运量大体相当时，上、下行重力势能 mgh 的代数和为零。也即：从宏观上、整体上讲，列车在任意参照点获得的动能都是机车牵引力做功蓄积的结果。

比如，质量为 m 的列车在某参照点的速度为 v，这就表明机车牵引力曾为此做了在数值上等于$\frac{1}{2}mv^2$ 的功。

这个结论的重要意义在于使我们清楚地知道列车动能从根本上来讲都是机车牵引力做功蓄积的，要使之得到充分利用。否则，若被制动消耗掉，便会造成能源损失。

23. 什么是有用动能和无用动能

列车在某参照点具有的动能可能全部是有用的，也可能全部是无用的，还可能是一部分有用而另一部分无用。这与参照点所处的地理位置，前方运行需要以及对列车运行的各种限制条件有关。有用动能是指列车前方运行过程能使此动能得以充分利用的能量；无用动能是指前方运行过程不能被利用的能量。

24. 对列车动能有用程度的界定

下面借助图 1 对重货列车在某一典型线路纵断面 S_1～S_5 间各参照点获得动能的有用程度进行分析。

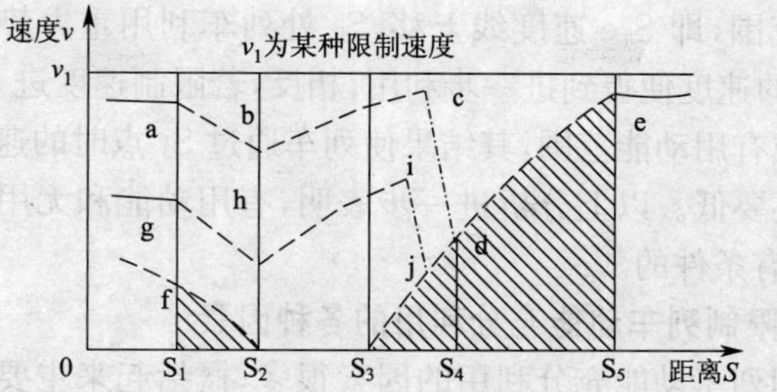

图 1　重货列车在 S_1～S_5 间各参照点获得动能有用程度示意图

线路纵断面情况：

参照点 S_2 以左为平道或上坡道；S_2～S_5 为长大下坡道；S_5 以右为平道或上坡道。

速度线含义：

a、g 之左，e 之右代表牵引速度线；cd、ij 代表制动速度线；其他均代表惰行速度线。

当列车在参照点 S_5，其运行速度在某种限制速度 v_1 以下，假如列车具有的动能全部为有用动能时，对 S_1～S_5 间各参照点列车获得动能的有用程度进行分析。显然，阴影部分为有用动能（速度）范围，fS_2S_3de 以上为无用动能（速度）范围。于是，S_1～S_2 间各参照点列车获得的动能一部分是有用的（fS_2 以下部分），一部分是无用的（fS_2 以上部分）；S_2～S_3 间各点全部为无用动能；S_3～S_4 间各参照点一部分是有用的（S_3d 以下部分），一部分是无用的（S_3d 以上部分）；S_4～S_5 间各参照点列车具有的动能全部为有用动能。

从上面分析可以看出，当有用和无用动能同时存在时，有用速度（动能）范围总是在下面，无用速度（动能）范围总是处于上面，并以一条惰行速度线作为一条分界线。

25. 有用动能和无用动能是相对的，是有条件的

当限制条件发生变化时，有用和无用动能范围会做相应改变。仍借图 1 进行分析，当某种限制速度得到提高时，相应就会拓宽有用动能范围，即 S_3e 速度线上移，S_5 处列车利用重力势能转化的高于 v_1 的速度便得到进一步利用；相反，若限制速度进一步降低，就会缩减有用动能范围，其结果使列车通过 S_5 点时的速度比图中所示的还要低。以上分析进一步表明，有用动能和无用动能是相对的，是有条件的。

26. 限制列车动能充分利用的各种因素

限制列车动能充分利用的因素很多，概括起来主要有以下几种：各种限制速度，线路纵断面特征及站场位置，调度指挥方式，列车运行限制信息传递，司机操纵技术水平等。

①各种限制速度主要指：线路限速、机车车辆限速、施工慢行限速、闸瓦压力限速、道岔限速、监控装置设定限速、政策性限速等。当列车通过某一地点，如果几种限速同时存在，列车就必须在最低限速下运行。限速越高，有用速度（动能）范围就越大，就为充分利用动能创造了好的条件。反之，有用速度（动能）范围就越小，制动耗能就会随之增加。

②列车在长大下坡道运行，重力势能转化的巨大列车动能，往往使列车超过某种限速，而无法充分利用。位于下坡道上的站场，列车停车时，其列车动能无法得到充分利用。

③当列车调度员安排重货列车在不经济、较不经济型（参见第48条）中间站停车时，其有用动能利用水平很低。

④当机车司机不能及时得到准确的列车运行限制信息时，就可能使列车过早地获得较多的动能，而无法充分利用。

⑤当司机不懂得列车在各参照点获得动能的有用程度时，牵引运行阶段使列车获得过多无用动能，而无法利用。

27. 只有、也只有惰行才会使列车动能得到充分利用

惰行时只有运行阻力（基本阻力、曲线阻力、上坡道阻力等）才会消耗列车动能。因此，只有、也只有通过惰行才会使列车动能得到充分利用。若列车动能被运行阻力功全部耗尽，我们就称列车动能全部得到了利用。由于运行时间限制，这在现实中通常是不可能的。由于种种原因，大量的动能往往要被制动过程消耗掉。

28. 惰行与节能操纵的关系

在停车、慢行前或非理想条件下运行，应及时由牵引运行转入惰行，并尽可能延长惰行阶段；在运行时间允许的前提下，应在尽可能低的速度下开始制动，这样不仅能节省能源，而且也节约了轮箍和制动闸瓦。

及时由牵引运行转入惰行是使列车动能得到较充分利用的前提，是机车节能操纵研究的一个重点。

(三)列车制动运行

29. 列车制动耗能一般意义计算式

《列车牵引计算规程》中也列出了制动耗能公式，但其耗能量与制动所造成的列车动能损失量根本不相关，而只与制动所对应的机车工况(空气制动时为空载，动力制动时也基本为空载)相关。因此可将其称之为列车制动耗能特殊意义公式。那么，与列车动能消耗量密切相关的制动耗能公式就应为一般意义公式。

(1)电力机车牵引的列车制动耗能一般意义计算式

$$Q_{制} \approx 1.07 \times 10^{-5}\, m(v_{2惰}^2 - v_{2制}^2)/\eta_{电} \quad (\mathrm{kW \cdot h}) \qquad (1)$$

当电力机车牵引运行取其平均总效率 $\eta_{电}$ 为 80%时，代入上式，得：

$$Q_{制} \approx 1.34 \times 10^{-5}\, m(v_{2惰}^2 - v_{2制}^2) \quad (\mathrm{kW \cdot h}) \qquad (2)$$

因电力机车采用再生制动时可以向电网反馈一部分电能，所以该式不能直接用于电力机车采用再生制动时制动耗能量的计算。可以先用此式计算出制动耗能量，然后减去制动过程再生制动向电网反馈的能量，便得到接近实际的制动耗能量。

(2)内燃机车牵引的列车制动耗能一般意义计算式

当 $E_{制}$ 单位取 kg，Q 单位取 kJ/kg，列车质量 m(等于机车计算质量 P 加牵引质量 G)单位取 t，运行速度 v 单位取 km/h 时，制动耗能一般意义计算式：

$$E_{制} \approx 3.86 \times 10^{-2} m(v_{2惰}^2 - v_{2制}^2)/Q \cdot \eta_{内} \quad (\mathrm{kg}) \qquad (3)$$

当 Q 取 42 200 kJ/kg，机车总效率 $\eta_{内}$ 取 31%，代入上式并整

理得：

$$E_{制} \approx 2.95 \times 10^{-6} m(v_{2惰}^2 - v_{2制}^2) \quad (kg) \qquad (4)$$

式(2)、(4)是将机车总效率简单化处理后得到的宏观计算式，但它还是能比较准确方便地计算出制动消耗列车动能相当的耗电、耗油数量，为分析制动耗能问题提供了方便。

30. 列车制动耗能量计算

例如：一列总质量 m 为 4 138 t 的货物列车，在 S_1 处的运行速度 v_1 为 75 km/h，若在此处开始惰行至 S_2 时，$v_{2惰}$ 为 70 km/h。试计算当分别由电力、内燃机车牵引时，在 S_1 处开始制动控速，在 S_2 处制动控速结束，$v_{2制}$ 为 30 km/h，求制动控速造成的耗能量各是多少；上述列车若以同一速度在 S_1 处开始制动，至 S_2 时正好停车，求制动停车造成的耗能量（前提条件为电力机车均未采用再生制动）。

解：①计算制动控速造成的耗能量

将有关数据分别代入式(2)、(4)，得：

电力机车耗能量：

$$Q_{制} \approx 1.34 \times 10^{-5}\ m(v_{2惰}^2 - v_{2制}^2)$$
$$= 1.34 \times 10^{-5} \times 4\,138 \times (70^2 - 30^2) \approx 221.8 (kW \cdot h)$$

内燃机车耗能量：

$$E_{制} \approx 2.95 \times 10^{-6}\ m(v_{2惰}^2 - v_{2制}^2)$$
$$= 2.95 \times 10^{-6} \times 4\,138 \times (70^2 - 30^2) \approx 48.8 \quad (kg)$$

②计算制动停车造成的耗能量

电力机车耗能量：

$$Q_{制} = 1.34 \times 10^{-5} \times 4\,138 \times (70^2 - 0^2) \approx 271.7 \quad (kW \cdot h)$$

内燃机车耗能量：

$$E_{制} = 2.95 \times 10^{-6} \times 4\,138 \times (70^2 - 0^2) \approx 59.8 \quad (kg)$$

31. 必要制动

一般而言，凡是列车运行图所规定的或列车调度员根据实际情况合理安排的停车，以及列车操纵示意图中规定的为不超过各种限制速度司机所采取的制动停车或制动控速措施，如果司机能按照相对应的操纵方式在一定合理限度内对列车施行制动，此时的制动就为必要制动。其要点为：

①列车运行图规定的或调度员根据实际情况合理安排的停车。

②为不超过各种限制速度司机所采取的制动控速措施。

③制动开始地点由机车牵引功转化的速度值不高于合理值。

④制动控速终了时的速度值不低于合理值。

32. 不必要制动

当列车运行在非理想条件下（参见第 5 条）时，若司机不能及时得到前方站列车运行限制信息或由于操纵技术原因等，使牵引阶段提供了列车过多的速度（动能），以及长大下坡道前一制动控速过程未充分控制好时间，使列车过早地到达限制通过地点而引发的制动控速或停车；或当列车在理想条件下（参见第 5 条）运行时，制动开始地点由机车牵引功转化的速度值高于合理值，制动控速终了时的速度值低于合理值等，由此产生的制动均为不必要制动。

33. 必要、不必要制动产生原因及特点

无论是必要制动，还是不必要制动，消耗的都是列车动能，都会产生制动损失，但必要和不必要制动产生的原因又各有其特点。

(1)必要制动产生原因及特点

货物列车必要制动总量是巨大的。它主要受线路纵断面及站场所处位置特点，各种限制速度，旅客列车提速及对数增加（指客货共线），监控装置使用等影响。使列车动能，尤其是下坡道转化的巨大列车动能得不到有效利用，其主要原因概述如下：

①历史的原因。因车站所处位置的形成主要是历史原因造成的，在位于下坡道、尤其是长大下坡道尾部附近的车站停车，其必要制动量是很大的。

②自然的原因。线路纵断面特征主要受地形、地貌影响，当然设计施工也是一个重要方面。长大下坡道列车超过某种限制速度，频繁制动，产生大量必要制动。

③设施的原因。技术装备越落后，各种限速就越低，使列车动

能，尤其是下坡道重力势能转化的巨大动能利用率就越低；反之，动能利用率就越高。

④科研的原因。站场、线路、道岔、信号等设计施工，未同机车优化操纵紧密结合起来进行系统研究。

⑤旅客列车提速及对数增加原因。旅客列车提速，对数增加，使旅客列车与货物列车之间速度差别增大，从而造成货物列车在区段内平均避让旅客列车停车制动次数明显增加。

⑥列车运行监控记录装置使用原因。列车运行监控记录装置的使用，这使列车运行限制速度牢牢得到控制。一方面的确对安全起到了可靠保证作用；但另一方面，必要制动损失却有较明显增加，它主要受监控模式的影响。

(2)不必要制动产生原因及特点

货物列车不必要制动总量也是巨大的，它主要受人员业务水平、责任心、政策、科研水平等影响。

人员方面的原因主要是机车司机，车站值班员、列车调度员三方面。

机车司机方面：最主要原因是由于对机车优化操纵的基本观点和宏观、微观优化操纵方法知识欠缺，对列车动能有用程度认识不清，以致在实际操纵中有许多经济控制点不能够很好地把握，再加之盲目早点，臆测运行，造成巨大不必要制动损失在所难免。当然，除此之外，司机行车经验、精神状态、责任心等也是不容忽视的。另外，监控装置操作使用不当，造成放风，也是产生不必要制动损失的一个重要原因。

车站值班员方面：当临时安排开来列车在车站停车，或者当车站接发列车、调车作业等，可能对通过列车产生影响，而车站又不使用列车无线调度电话预告或不提前足够时间预告开来列车司机，司机仍采用开放式操纵(参见第 43 条)(此种操纵方法适用于列车在理想条件下运行)运行。此时，造成不必要制动，主要是车站值班员的责任。

列车调度员方面：主要是对列车运行宏观速度特性、中间站的经济类型不清楚，当调度列车时，使列车产生巨大的不必要制动损失就在所难免。例如，安排某一重货列车在位于长大下坡道尾部的中间站停车，其制动损失是巨大的，是机车司机和车站值班员所无法避免的。

34. 制动损失问题

从广义上讲制动损失包括：电能、燃油损失，闸瓦、车轮磨耗损失，列车冲动造成的机车、车辆部件破损，车轮擦伤，扰乱列车运行秩序降低通过能力，机车维修费用增加（动能被制动耗掉，机车需多做功），大气污染（多耗能造成）等等。从狭义上讲制动损失主要指由此造成能耗增加和列车运行秩序的混乱。

35. 机车节能操纵的侧重点及动力制动单独使用问题

现阶段因制动造成的能耗损失约占机车运行总能耗量的20%（装有再生制动的列车约为15%），其中必要制动约占11%，不必要制动约占9%。因此机车节能操纵的侧重点，应是尽量避免或减少列车的不必要制动损失，尤其是重货列车的不必要制动损失。

对于装有再生制动的电力机车，比如 HXD_3 型机车，牵引货物列车单独使用动力制动调速与采用空气制动调速相比，可节省大量电能和闸瓦、车轮磨耗。因此，货物列车需制动调速时，在确保安全的前提下，从节能角度应尽量单独使用动力制动调速。

在货物列车无需贯通试验的地段，如果单独使用动力制动能满足调速要求，可单独使用动力制动。列车在理想条件下运行，单独使用动力制动调速的前提是比其他调速方式能缩短运行时间，即应尽量做到贴限运行。否则应采用动力制动与空气制动配合调速方式（动力制动与空气制动配合调速条件参见第128条）。

(四)综合问题

36. 起停耗能问题

一般而言，若去除停车后至起车前这段停留时间的机车空载耗能量（电力机车为自用电耗电量，内燃机车一般为柴油机最低空转转速时的耗油量)，起停耗能与运行相比所增加的那部分耗能量，在数值上比制动造成的耗能量要少。也就是说，起停与运行相比，造成耗能量增加，其根本原因是制动造成的，而不是起车造成的。但实际耗能量的增加却表现在起车过程中。当停车前的惰行过程越短，并且起车加速过程越采用高手柄位，则列车起停与运行相比多耗能的数值越接近于制动造成的耗能数量 $E_{制}$ 或 $Q_{制}$。

37. 牵引、惰行、制动各阶段的合理组合问题

比较任意两种操纵方式优劣，除距离、时间外，还应考虑列车初末动能。另外，单纯从某一中间运行过程，还不能断定某种操纵方式的优劣，应当结合总的运行限制条件以及它在整个运行过程的地位来考虑。

(1)列车起动加速阶段

起动加速阶段一般应采用较高手柄位加速至某一理想速度，这一理想速度要高于运行全过程的平均速度。采用较高手柄位加速，主要有以下几方面意义：

①是优化运行秩序的需要。列车起动阶段因运行速度低，易对跟踪列车形成刚性波及(参见第 52 条)，用较高手柄位起车加速，就能减弱对跟踪列车的波及强度，从而对优化运行秩序具有重要意义。

②起动阶段机车牵引力克服阻力做功，蓄积列车动能，这些都是必须要做的。况且起动加速阶段较高手柄位一般对应的机车总效率较高，因而牵引经济性较好。

③能争取一定运行时间，为接近长大下坡道、慢行地点或停车前及早转入惰行减少制动损失创造必要条件，为整个运行过程优化奠定基础。

④采用较高手柄加速，争取一定时间，也为抑制牵引运行速度峰值的出现奠定基础。根据第二论断，这能在一定程度上减少机车牵引力克服运行基本阻力做功的数量。

(2)牵引、惰行、制动的合理组合

列车的实际运行过程一般包括有起动加速、保速、惰行及制动几个阶段，其典型的速度线如图 2 所示。

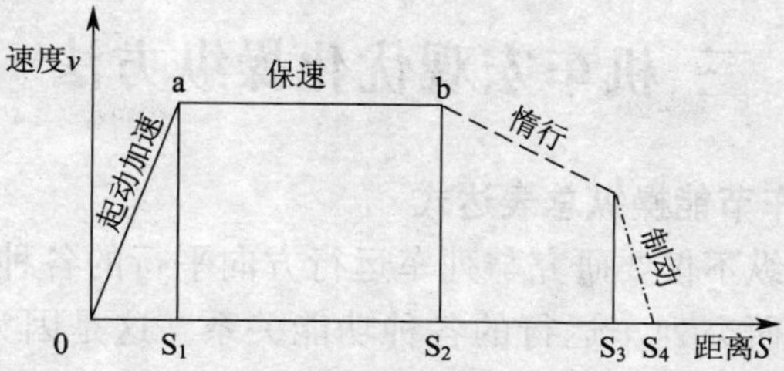

图 2　牵引、惰行、制动组合示意图

显然，在给定的运行路程、限制时间的条件下，存在着一种最节能的操纵方式。它要求牵引、惰行、制动各阶段必须合理组合。从优化理论看，它是一个非线性动态最优问题。

加速手柄位及加速终点的速度值 v_a 对于经济性有重要影响，应根据给定的列车、走行距离及时间等进行比较计算后确定。

惰行是节能操纵的主要环节，任何不包括惰行阶段的运行过程不会是最节能的操纵方式。惰行地点及对应速度 v_b 对于经济性也具有重要影响。

确定一种节能操纵方式在于寻求恰当的加速和合理的减速过程。即在运行时间允许的前提下，尽量减少机车牵引力提供给列车的动能，并最佳地利用列车已取得的动能。

一种节能操纵方式必须以充分利用给定的运行时间为前提。反之，提前到达终点（早点）的操纵方式，不可能是最节能的操纵方式。

采用节能操纵方法，可以在耗能相同的条件下提高列车运行速度，或在运行时间相同的条件下降低能耗。

三、机车宏观优化操纵方法

38. 机车节能操纵总表达式

节能操纵不仅要研究与列车运行方向平行的各种力，而且更为重要的是研究列车运行的各种功能关系。这是因为只有功和能，才能更为直接地体现出能耗情况。

综合分析列车运行所受到的各种与列车运行方向平行的力以及相对应的功能之间的关系，通常气候条件下，某列车在某区段(间)运行全过程(全过程指始点为开车、终点为到达停车)的机车节能操纵总表达式，即功能平衡式可用下式表示：

$$\sum(N_{\mathrm{k}}\cdot t)=\sum W_{基}+\sum E_{\mathrm{k}不}+\sum E_{\mathrm{k}必}+(\sum W_{上坡}-\sum W_{下坡})+\sum W_{曲}+\sum W_{隧}$$

因起动阻力作用时间很短，起动阻力功很小，故上式忽略了列车起动过程中与运行相比所多做的那部分功。

39. 对节能操纵总表达式各项的解释

①等式左侧项

$\sum(N_{\mathrm{k}}\cdot t)$为机车在某区段(间)牵引列车所做的轮周功之和，即总轮周功。其中 N_{k} 为某手柄位对应某速度值的轮周功率，t 为对应该功率值的使用时间。

②等式右侧第一项$\sum W_{基}$

$\sum W_{基}$ 为列车在某区段(间)运行基本阻力(变力)所做功之和。该项也可采用其他表现形式。

③等式右侧第二项$\sum E_{\mathrm{k}不}$为列车在某区段(间)因不必要制动所消耗的列车动能之和。

④等式右侧第三项$\sum E_{\mathrm{k}必}$为列车在某区段(间)因必要制动所消耗的列车动能之和。

⑤等式右侧第四项($\sum W_{上坡}-\sum W_{下坡}$)

其中$\sum W_{上坡}$、$\sum W_{下坡}$分别为列车在某区段(间)上坡力功、下坡力功之和。若区段(间)起点标高为 h_1，终点标高为 h_2，列车质

量为 m，重力加速度为 g，则有：

$$(\sum W_{上坡}-\sum W_{下坡})=mg(h_2-h_1)$$

即，区段(间)某列车上、下坡道功的代数和等于该列车在终点和起点具有的重力势能之差。

⑥等式右侧第五项 $\sum W_{曲}$

$\sum W_{曲}$ 为列车在某区段(间)曲线附加阻力对列车所做功之和。曲线附加阻力一般认为是不随速度变化的，也不是每时每刻都存在的，如在直线上运行就不存在曲线阻力。

⑦等式右侧第六项 $\sum W_{隧}$

$\sum W_{隧}$ 为列车在某区段(间)隧道空气附加阻力对列车所做功之和。隧道空气附加阻力随速度变化而变化。但在许多区段(间)并无隧道，为论述方便，在下面分析比较中暂不考虑。

40. 节能操纵总表达式是宏观分析的有力工具

机车节能操纵总表达式具有丰富内涵，它是列车运行经济性宏观分析的有力工具，是决策者、设计者打开节能宝库的金钥匙。

①便于搞清各种阻力功造成的能耗比例及数量。

②总表达式既可分析一个区间、一个区段、一列的情况，也可分析多个区段多列的情况。

③总表达式左侧项($N_k \cdot t$)在机车节能操纵以外的重要涵义

如果第一台机车的机车平均总效率用 η_1 表示，第二台机车的平均总效率用 η_2 表示，且 $\eta_1>\eta_2$。当分别用这两台机车在同一区段牵引同一列车时，假设机车所做的总轮周功 $\sum(N_k \cdot t)$ 完全相等。若 Q_1、Q_2 分别为第一台和第二台机车的耗电量，当轮周功折合耗电系数为 k 时，则有：

$$Q_1=k\cdot\sum(N_k\cdot t)/\eta_1$$

$$Q_2=k\cdot\sum(N_k\cdot t)/\eta_2$$

因 $\eta_1>\eta_2$

可得 $Q_2>Q_1$

因此，为了节省能源，厂方或机务段检修方面应尽可能保持机车优良的状态。

④总表达式右侧第一项$\sum W_{基}$在节能操纵以外的重要涵义

根据表1所列数据，计算客车、空车、重车运行速度每增加10 km/h时，运行基本阻力增加的百分数，并列于表3中。

表3　运行速度每递增10 km/h运行基本阻力增加百分数表

速度间隔	10～20	20～30	30～40	40～50	50～60	60～70	70～80
客车(%)	7.00	8.12	9.02	9.75	10.15	10.36	10.43
空货(%)	20.39	20.77	20.40	19.58	18.60	17.56	16.52
重货(%)	7.39	10.83	13.42	14.98	15.76	15.98	15.86

在列车运行中，运行基本阻力每时每刻都存在，并且是随运行速度的增加而增大，其增加幅度参见表3。若列车运行速度由60 km/h升高到70 km/h时，客车、空车、重车运行基本阻力分别增加了10.36%、17.56%、15.98%；若这三种车辆分别以60 km/h和70 km/h走行相同距离时，其运行基本阻力功也分别增加了10.36%、17.56%、15.98%；若机车总效率不变，则以70 km/h比以60 km/h速度运行同一距离时，因运行基本阻力功上升相应造成多耗能分别为：10.36%、17.56%、15.98%。实际上能耗增加的幅度比上述百分比略小，这是因为高速时一般手柄位较高，机车总效率相应较高造成。

当上下行运量大体相当时，上下行上下坡道功代数和为零。因此，机车牵引列车从根本上讲绝大部分牵引功是用于克服运行基本阻力功，这个数值可能要占70%。

根据均衡速度模型计算表明，列车在平道上牵引运行时，货物列车速度每增高10 km/h，约增加能耗13%；

根据文献[7]所列数据，计算旅客列车牵引运行时速度每递增10 km/h时，约增加能耗8%。

因机车耗能与列车运行速度具有如此密切的关系。所以，列车运行时刻的制定就是一个很重要的问题。譬如，运行时刻一经制定便决定了$\sum W_{基}$项的基数。所以运行时刻应根据社会效益、经济效益和能源效益等综合因素来确定。

为减少机车牵引力克服运行基本阻力做功，应尽可能改进轴承及机车车辆外形设计，改进货物装载方式等以降低运行基本阻力，节约能耗。

⑤表达式右侧第二、三项节能操纵以外的涵义

$\sum E_{k不}$的涵义：

$\sum E_{k不}$是不必要制动造成的列车动能损失，货物列车因它造成的能耗约占 9%；它的产生，既有人员方面的原因，也有政策和科研等方面的原因。

$\sum E_{k必}$的涵义：

$\sum E_{k必}$是必要制动造成的列车动能损失，货物列车因它造成的能耗约占 11%。它的产生有历史、自然、设施、科研等方面的原因。

某区段在某一运行条件下，其中主要包括：各种限制速度，站场所处地理位置，线路纵断面，信号设置位置，列车运行图所规定的运行方式、运行时刻和各种限制速度等。这些共同决定着能源消耗基数。显然，能源消耗基数低的区段为经济区段，如京沪线济西—南仓区段；能源消耗基数高的区段为不经济区段，如京沪线济西—泰安区段。造成能源消耗基数高的最根本原因是下坡道重力势能转化的列车动能不能得到充分利用，使巨大的列车动能白白消耗在制动中。从这一点，通过比较各区段间$\sum E_{k必}$的大小就能初步确定各区段的经济性，为制定各区段能耗标准提供科学依据。

⑥$\sum W_{基}$和$\sum E_{k不}$在节能操纵中的涵义

表达式右侧优化操纵所涉及的主要是第一项$\sum W_{基}$和第二项$\sum E_{k不}$。这是因为 3～5 项作为已定列车在一定区段和一定运行条件下可以认为是定值，是机车司机无法改变的。而$\sum W_{基}$和$\sum E_{k不}$却是变量，他们随操纵方法和调度方法的不同而存在很大差别。因此，长期以来我们所寻求的正是围绕在给定运行时间和路程的条件下，如何尽量减少机车为克服运行基本阻力所做的功和如何尽量避免或减少不必要制动损失的节能操纵方法。

41. 机车宏观优化操纵方法

机车宏观优化操纵方法是指列车运行在理想或非理想条件下，机车司机为实现整体优化目标而采取的措施、手段，其方式、方法呈现出一种整体态势。

42. 机车宏观优化操纵方法有开放式和保守式两种

已知列车运行限制条件可分为两类，即理想条件和非理想条件。无论列车运行面临实际限制条件如何复杂，总能将其列为上述两类中的其中一类。对应理想条件下的机车宏观优化操纵方法被称为开放式操纵；而对应非理想条件下的机车宏观优化操纵方法则被称为保守式操纵。开放式与保守式操纵方法的外延之和与机车宏观优化操纵方法的外延相等。因此，按照上述划分标准机车宏观优化操纵方法就只有两种，即开放式和保守式操纵。

43. 开放式操纵方法

(1)开放式操纵的定义

是指列车运行在理想条件下，司机根据列车编组、线路纵断面等情况以及列车运行图规定的运行时刻，并参照优化操纵的某些观点、方法，适时地调节手柄挡位或进行必要的制动调速或制动停车，我们称此种理想条件下的速度线为开放式速度线，它近似于现阶段各机务段操纵示意图上的速度线。列车沿开放式速度线运行时的宏观优化操纵方法就为开放式操纵。开放式操纵又分牵引开放式和制动开放式操纵。

(2)牵引开放式操纵遵循的原则

此种优化操纵方法所遵循的主要原则之一，是当列车中途运行在较为平坦的线路上时，要遵循"第二论断"。即司机应根据列车编组及线路纵断面等情况适时调节手柄挡位，以使列车保持较为恒定的速度运行(动能闯坡等情况除外)，尽量降低列车运行图规定时刻下的$\sum W_{基}$。

原则之二，是当列车运行前方为长大下坡道，列车运行速度将超过某种限速需制动调速，或前方站将安排停车等，列车由牵引运行变为惰行时，在运行时间允许的前提下，要尽可能地减少机车牵引功提供给列车在经济控制点的动能(速度)。

(3)制动开放式操纵遵循的原则

原则之一,在恰当时机,采取合理的制动措施。做到既安全,又尽量缩短运行时间。

原则之二,掌握好缓解时机,以尽量拓宽列车有用动能(速度)范围。

44. 保守式操纵方法

(1)保守式操纵的定义

所谓保守式操纵实际上是指列车运行在非理想条件下,司机为了尽量避免或减少不必要制动损失,降低对跟踪列车的波及强度(是为了优化运行秩序),而采取的一种提前采取措施适当拖延必要时间的优化操纵方法。保守式操纵又分牵引保守式和制动保守式操纵。根据这一定义,可以使我们很容易联想到,在运输繁忙的干线上,那种始终使列车运行在理想条件下的情况并不多见。因此,适度的保守式操纵就显得尤为重要。

(2)牵引保守式操纵遵循的原则

原则之一,在牵引阶段,司机依据实际限制时间(波及强度)及时使列车转入惰行或低挡位观察运行,以降低运行速度,拖延必要时间,化解或降低波及强度。这样做一方面避免了即将发生的不必要制动损失;另一方面根据第一论断运行速度降低,运行基本阻力功减少,因此,采用适度的牵引保守式操纵若不发生不必要制动,实际上可取得双重节能效果。

原则之二,当列车运行前方为长大下坡道而需要制动调速,由牵引变为惰行时,在运行时间允许的前提下要尽可能地减少机车牵引力提供给列车在经济控制点的动能(速度)。

(3)制动保守式操纵遵循的原则

列车在长大下坡道上运行,与制动开放式操纵相对应的原则之一是,提前采取制动调速措施,依据实际限制时间尽量多消耗列车获得的无用动能,以拖延必要时间,避免有用动能损失。

原则之二,掌握好缓解时机,以拓宽列车的有用动能(速度)

范围。

至此，有关机车两种宏观优化操纵方法的框架已基本构成，在实际操纵中，机车司机首要的任务是能熟知这两种宏观优化操纵方法。

45. 开放式和保守式操纵的具体应用

列车在运行中，机车司机是采用开放式操纵还是采用保守式操纵，应依据实际限制条件而定。在理想条件下，司机采用开放式操纵；而在非理想条件下，必须采用与实际条件相对应的适度保守式操纵。如何正确地运用这两种宏观优化操纵方法，尤其是保守式操纵，体现了一名机车司机的巨大安全和经济价值。这是因为在运输繁忙的铁路干线上，由于中间站接发列车、调车作业以及工务、电务施工等诸多因素影响，那种使列车运行始终不受任何波及的理想条件并不多见。只有当司机真正掌握了机车两种宏观优化操纵方法和主要的微观优化方法，并熟悉担当区段线路和各经济控制点获得动能的有用程度，才能够准确地控制列车运行速度，从而才能够使列车始终沿优化的速度线运行。

借助图1进行分析。如果abcde代表某一重货列车在S_1～S_5间的开放式速度线，当该列车运行在理想条件下，司机应采用开放式操纵，使列车沿abcde速度线运行。

当列车运行在非理想条件下，假设参照点S_5为对通过列车产生某种波及强度(指信号机延时开放的时间长短)的某一中间站进站信号机的设置地点。此时，为避免即将发生的不必要制动损失，有优化操纵经验的机车司机便很自然地会采用与实际条件相对应的适度保守式操纵，使列车巧妙地避免了即将产生的不必要制动。对此可做如下描述：

①他(们)深知所担当区段列车在各参照点具有动能的有用程度；

②他(们)在长期的行车实践中，掌握了各种编组列车的速度特性，尤其是惰行速度特性；

③他(们)对不同强度的波及，能自如地运用与之相对应的适

度保守式操纵；

④他(们)有明确的操纵目的，即如果要确保列车在 S_5 处利用重力势能转化的有用动能达到开放式操纵水平，就必须采用适度的保守式操纵拖延必要时间来达到。

图 1 中 ghijde 为某种程度的保守式操纵速度线。首先司机采用牵引保守式操纵拖延一部分时间，再采用制动保守式操纵拖延一部分时间。其结果不仅没有造成不必要的制动损失，此时，与采用开放式操纵相比反而取得了双重节能效果。这是因为：一方面，如在此种条件下仍采用开放式操纵，便会提前接近 S_5，因 S_5 处的信号机仍处于关闭状态，就必然造成不必要的制动。而采用适度的保守式操纵就避免了这一损失，从而取得了一重节能效果；另一方面，由于采用了牵引保守式操纵，从而降低了列车运行速度，根据"第一论断"牵引运行时"列车运行速度越低越节能"，与开放式操纵相比达到了节能，但此时更为重要的是减少了机车牵引功提供给列车在经济控制点(凸点)S_2 的动能($v_h < v_b$)，取得了另一重节能效果。

综上所述，使我们清楚地看到，如果司机不清楚列车具有动能的有用程度，不懂得两种宏观优化操纵方法的具体应用，心中没有明确的操纵目标(非理想条件下使 S_5 处列车利用重力势能转化的列车有用动能达到开放式操纵水平就是明确的操纵目标)。那么，他就难以做到准确地控制列车运行速度。经常地造成巨大的不必要制动损失也就在所难免。

其实，根据现阶段各机务段列车操纵示意图，在其速度线(它近似于开放式速度线)上不难确定有用动能或无用动能范围，而两种宏观优化操纵方法也并不难掌握。这样，当司机采用保守式操纵时，便能正确地选择牵引保守式操纵范围。实际行车中，当在非理想条件下，根据保守式操纵的目标(产生波及的地点)有可能采用单纯的牵引保守式或单纯的制动保守式操纵；也有可能是牵引和制动保守式操纵的配合使用。如图 1 中保守式速度线 ghijde 所示。在图中情况下应以牵引保守式操纵为主(目的是尽量早拖延、多拖延必要时间，以便留有余地，掌握主动权)，制动保守式操纵为辅。总之，应根据实际情况灵活运用。

46. 适度保守式操纵的安全、效率意义

对保守式操纵所具有的重要节能意义已很明确。其实，适度的保守式操纵还具有重要的安全意义和"效率"意义。

①适度保守式操纵的安全意义

如果司机不采取与实际情况相对应的操纵方法，而是盲目地、一味地采用开放式或与之近似的操纵方法，等待他的则往往是不必要的制动停车或不必要的大幅度减速。当列车在自动闭塞区间运行时，由于不必要制动的产生，使列车运行速度在很短的距离和时间内发生很大的变化。列车间正常的时间和距离间隔遭到严重破坏，信号机对跟踪列车产生刚性波及，极易招致跟踪列车也产生不必要制动。由理论分析和大量的事实可得出如下两个结论。

结论一：列车在自动闭塞区段运行时，若产生不必要制动就意味着对跟踪列车将产生波及。不仅本列车产生不必要制动损失，而且可能导致跟踪列车（一列或多列）也产生不必要制动损失。

结论二：适度的保守式操纵既能化解前行列车或前方站对本列车形成的刚性波及，又不至于对跟踪列车形成刚性波及。

如果司机不依据实际情况，而是一味地采用开放式操纵。那么，他所面临的红色信号，制动停车和大幅度减速的频率要大大高于采用与实际情况相对应的操纵方法。因此，客观上就容易发生冲突、追尾、冒进和困难上坡道重货列车受波及停车后无法重新起动等问题。根据实际情况，当列车运行即将受到某种程度的波及时，司机随之采用适度的保守式操纵，本身就加强了对信号的确认。再结合结论二作一推论。

推论：适度的保守式操纵能最大限度地减少冲突、追尾和困难上坡道重货列车受阻碍影响停车后无法重新起动等问题的发生。

综上所述，适度保守式操纵也不失为一种重要的安全操纵方法。

②适度保守式操纵的效率意义

根据保守式操纵的定义便很直观地看出：保守式操纵是以避

免不必要制动为目的的一种适当拖延必要运行时间的操纵方法。既然如此，保守式操纵似乎显得美中不足。这是因为它降低了列车运行速度，影响了"效率"。其实，这种认识是片面的。诚然，当列车运行在理想条件下，司机却一味地采用保守式操纵。或者，当列车受较弱的波及时，却采用程度过分的保守式操纵。此时，的确会影响效率。但是，当列车受某种程度的波及时，采用适度的保守式操纵与开放式操纵相比，反使"效率"提高，使列车旅行速度实指标得到提高。对此，可借助图 1 予以说明。

假设 S_5 为某一中间站进站信号机坐标。当该中间站因站内调车作业将对开来通过列车产生较强波及时，如果司机采用开放式操纵，就必然造成机外停车。在此种条件下，如果司机采用适度的保守式操纵，尽管比采用开放式操纵稍晚到达该中间站进站信号机外方。但由于前者导致列车停车，后者使列车以较高速度通过该中间站，其结果采用适度保守式操纵的列车很快便超越了采用开放式操纵的列车。

适度保守式操纵的"效率"意义，最重要的是协调了列车间的运行关系，有效地减少了列车非正常停车(譬如重货列车由于受刚性波及在上坡道停车后无法重新起动等)给运输秩序带来的混乱，使列车运行秩序更加和谐，也极为有利于调度指挥。

47. 经济控制点

确定一种节能操纵方式，在于寻求恰当的加速及合理的减速过程。在运行时间允许的前提下，应尽量减少机车牵引力提供给列车的动能，尤其是某些经济控制点的动能，并最佳地利用列车已取得的动能。在一次乘务过程中，如果机车司机能把握住几个重要环节，他便掌握了节能操纵的主动权，便为实现一次乘务最佳节能奠定了坚实的基础。

经济控制点是指对机车节能操纵具有重要影响的一类地点，它们是节能操纵的重要目标。司机只要能调控好这类地点的运行速度，就可取得明显的节能效果。通过观察列车通过该点的运行速度并结合前后机车工况进行比较分析，便可对操纵方式的优劣得出定性和定量评价。如凸凹变坡点、慢行地点、停车站对应的需由牵引转惰行的地点等就是一类重要经济控制点。下面仍以图1为例对凸凹变坡点列车具有的动能(速度)与节能操纵的关系进行研究。图中参照点 S_2 为凸变坡点,S_5 为凹变坡点。

①列车在凸变坡点具有的动能(速度)与节能操纵的关系

当凸变坡点列车具有的动能(速度)是由牵引转惰行后得到的时,从图中看出,由于列车在该参照点具有的动能全部是无用的(无用动能大部分要在前方制动过程中消耗掉)。因此,列车在此参照点具有的动能(速度)越大,就说明机车为此曾耗能越多,就越不经济。但是,在理想条件下司机必须按列车运行图规定的运行时刻行车,尽管此参照点全部是无用动能,列车亦必须具有一定速度;而在非理想条件下,依据实际限制时间,要尽可能地减少机车牵引力提供给列车的这一无用动能(速度)。

无论是牵引开放式还是牵引保守式操纵,要想准确地使列车在经济控制点达到预定的经济速度,司机就必须熟练掌握牵引运行转为惰行的微观操纵方法(参见第84条)。譬如,列车在经济控制点 S_2 具有速度的高低,取决于牵引运行转惰行参照点 S_1 速度的高低。这就需要司机在平时操纵中认真观察,多多留意,尽快掌握不同编组列车(这里是指列车运行单位基本阻力特性的不同)的惰行速度特性(通常气候条件下,主要指风速、风向,除线路纵断面因素外,是列车运行单位基本阻力特性决定着惰行速度特性)。通过准确地把握牵引运行转惰行参照点的速度,就能相当准确地"遥控"列车在经济控制点的速度,从而达到优化操纵的目的。除此之外,如安排列车在某一中间站停车或列车即将通过慢行地点时,牵引运行转惰行的地点以及相对应的速度对列车运行全过程的经济性也会产生重要影响,特别是重货列车。

以上主要探讨的是司机在操纵中如何把握列车在凸变坡点运行速度的问题。当凸变坡点列车具有的动能是由牵引转惰行后得到的时,在某些包含此类凸变坡点(必须是运行前方需要制动调速)的区间,列车运行图规定的运行时刻要适宜。否则,如对运行时间要求太苛刻，必然导致凸变坡点列车运行速度的提高。由于每天都有许多列车经过此类经济控制点，从而对整体经济性有较大影响。

②列车在凹变坡点具有的动能与节能操纵的关系

当列车在凹变坡点具有的动能（速度）是由制动调速转惰行后得到的时，从图1可以看出，在某种限制速度 v_1 以下，列车在凹变坡点 S_5 具有的动能全部是有用的。因此，在实际操纵中，司机要掌握好缓解时机，以使列车在通过 S_5 时其运行速度（由下坡道重力势能转化而成）越接近限制速度就越经济。

无论是制动开放式还是制动保守式操纵，要准确把握列车在经济控制点 S_5 的运行速度，司机必须熟练掌握制动转为惰行的微观操纵方法。以图1为例：列车在 S_5 具有速度的高低，取决于缓解时机，即解除制动地点和对应速度的高低。这就要求司机在平时操纵中应细心观察，尽快掌握不同编组列车的惰行速度特性。通过准确把握缓解时机，就能相当准确地“遥控”列车在经济控制点的速度。

在现实中，图1中所指的某种限制速度 v_1 往往是机车车辆限速、线路限速或闸瓦压力限制速度等。在确保安全的前提下，如能更新或改进设备提高限速，就意味着此类经济控制点的有用动能（速度）范围扩大，就能更充分地利用下坡道重力势能所转化的巨大动能。所以，提高限制速度对于包含此类经济控制点的区段颇具现实意义和经济意义。

48. 中间站的经济类型

节能操纵的侧重点是尽量避免或减少列车的不必要制动损失，尤其是高速、重载。这是理论和实践得出的重要结论。由于中间站接发列车、调车作业等易对通过列车产生波及影响，这就使中间站成为列车有用动能损失的主要场所，其中大部分动能损失又发生在进站信号机外方。但是，不同的中间站所引起重货列车有用动能损失又存在很大差别。因此，从产生有用动能损失程度上对中间站进行经济性划分，能使司机明确保守式操纵的目标，对于调度指挥也是非常有必要的。根据情况，一般可将中间站分为四类：即经济型、较经济型、较不经济型、不经济型中间站。

①经济型中间站

无论是对货物列车正常通过产生波及，还是临时安排停车，一般不会使货物列车产生有用动能损失，或只产生很小的损失。这类车站被划分为经济型中间站。凡是处于连续上坡道或长大下坡道中部之前的车站，一般都为此类中间站。如京沪线济兖间下行张夏、青杨、界首、大河等。

此类车站是次要保守目标。所以，在操纵上一般可采用开放式操纵运行。

②较经济型中间站

这类车站经济程度可塑性大，随不同的调度方式和操纵方式而存有很大差别。凡处于连续较平坦线路上的中间站，一般都为较经济型中间站。如京沪线济德间张庄、平原、三唐等中间站。

此类车站是重要保守目标。当此类中间站对通过列车产生某种程度的波及时，司机必须采用适度的保守式操纵，才能够避免不必要制动损失，所采用的保守式操纵多为牵引保守式。当安排列车在车站停车时，依据实际限制时间，司机应尽可能早地使列车转入惰行，以尽量减少制动损失。

③较不经济型中间站

当重货列车通过将受此类车站波及或将安排重货列车在此类车站停车时，会产生较大有用动能损失。要从根本上减少重货列车在此类车站的有用动能损失，重点应通过调度指挥手段来解决。一般处于连续较小下坡道上的中间站都属此类。

如京沪线济徐间下行大汶口、南沙河等站。

此类车站是重要保守目标，对此所采用的保守式操纵多是牵引和制动保守式的结合，并且要以牵引保守为主。

④不经济型中间站

当安排重货列车在此类车站停车时，通常情形下无论司机采取什么措施都无法避免巨大有用动能损失；当重货列车在此类车站通过受到刚性波及时，巨大有用动能损失也较难避免。一般处于长大下坡道尾部的车站均属此类。

当此类车站对通过列车将产生某种程度的波及时，所采用的保守式操纵的范围和程度都将超过较经济、较不经济型中间站。否则，极易产生有用动能损失。对此类车站所采用的保守式操纵，通常是牵引保守式和制动保守式配合使用；有时是单纯的制动保守式操纵；在无用动能范围很窄小的区间，采用保守式操纵时要尽量以牵引保守式为主。

49. 有用动能倾注热点中间站

有用动能倾注热点中间站是指频繁使重货列车产生巨大有用动能损失的个别中间站。这类车站通常是接发列车、调车作业繁忙或终点站接近处的较经济、较不经济、不经济型中间站。要消除这种现象，应主要依靠调度指挥、车机联控、优化操纵、终点站敞开接车等方式来达到。如京沪线济徐下行泰安、枣庄、韩庄、茅村等中间站就属此类。

四、列车跟踪运行优化操纵问题

50. 时间间隔、等时性间隔

时间间隔是指从某时刻起，假设前行列车在此时刻突然停车，保持静止状态，至跟踪列车的头部与前行列车的尾部相接时止所需要的时间。

等时性间隔是指两列车在同一线路上跟踪运行，在某一时间或距离范围内，若从任意时刻起至跟踪列车与前行列车首尾相接时止所用时间均相等，我们把此种情形下的时间间隔称为等时性间隔。

51. 距离间隔、等距离性间隔

距离间隔是指在某时刻，跟踪列车的头部至前行列车尾部之间的距离。

等距离性间隔是指在一定时间或距离范围内，在任意时刻两列车的距离间隔均相等。

52. 刚性波及、柔性波及

在自动闭塞区段内，若列车运行速度在很短时间内发生很大变化，比如前行列车施行大幅度制动减速或停车，列车间正常的时间和距离间隔遭到严重破坏，此时，分区通过信号机、进站、进路或出站信号机对跟踪列车所产生的强阻碍影响，称为刚性波及。

在自动闭塞区段，若列车运行速度在较短时间内变化不大，如司机采用适度的牵引保守式或制动保守式操纵，由于列车处于连续运动过程中，此时，分区通过或进、出站、进路信号机对跟踪列车所产生的轻度阻碍影响称为柔性波及。

53. 等时性和等距离性间隔都是相对的

等时性间隔是一个理想概念。现实中绝对等时性是不存在的，因而它是相对的。但是两列级别相同的列车以近似操纵方式沿近似速度线运行时，在各个不太大的距离范围内基本保持等时性间隔的性质。

等距离性间隔也是一个理想概念。完全等距离性间隔在现实中也是不存在的,因而它也是相对的。但是,两列级别相同的列车(尤为编组也近似时),以同一操纵方式在线路纵断面无明显变化的线路上以较均匀的速度运行时,在各个不太大的距离范围内基本保持等距离间隔的性质。

54. 等时性和等距离性间隔之间的关系及有关结论的得出

结论一:等时性间隔成立的前提条件是,两列车沿同一速度线在同一线路上跟踪运行。此时的速度线可以是任何形状,只要符合"同一"就足够了。

显然,两列车跟踪运行保持等时性间隔时,等距离性间隔不一定同时成立;但当两列车保持等距离性间隔时,等时性间隔必然同时成立。

图 3 为两列车沿同一速度线跟踪运行时的距离间隔变化示意图。图中线路纵断面情况是:S_3 以左部分为上坡道,以右部分为下坡道;速度线情况是:S_2 以左对应部分为牵引速度线,以右对应部分为惰行速度线;S_3 为一凸变坡点;T1～T7 为分区通过信号机。另外,图中任一地面参照点对应的速度值为列车中心处此位置时对应的速度。

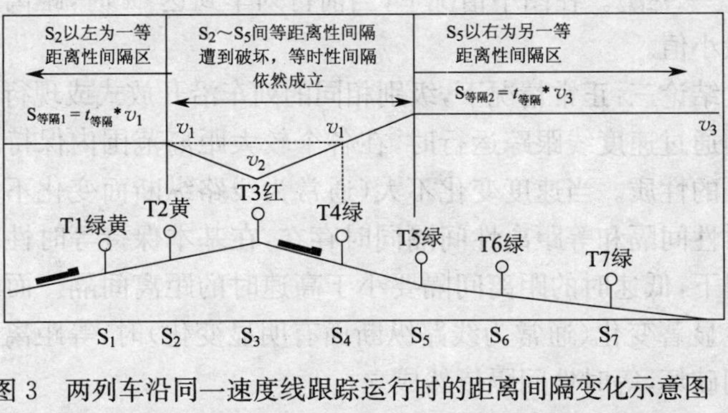

图 3　两列车沿同一速度线跟踪运行时的距离间隔变化示意图

因在 0～S_7 间两列车沿同一速度线跟踪运行,根据结论一,在 0～S_7 间两列车保持等时性间隔的性质。

从图中可看出，S_2 以左部分对应的速度线是一条均衡速度线，其速度值为 v_1；S_5 以右部分也是一条均衡速度线，其速度值为 v_3。在前行列车驶出 S_2 之前和跟踪列车驶出 S_5 之后，等时性和等距离性间隔同时存在。因此，S_2 以左为一等距离性间隔区：$S_{等隔1}=t_{等隔}\times v_1$，S_5 以右为另一等距离性间隔区：$S_{等隔2}=t_{等隔}\times v_3$，因为 $v_3>v_1$，所以 $S_{等隔2}>S_{等隔1}$。

据此可以得出结论二。

结论二：等时性间隔和等距离性间隔同时存在的前提条件是，在一定距离范围内两列车沿同一均衡速度线运行。

由此可得一推论：等时性间隔相对稳定，等距离性间隔相对易变。进而可作进一步推广，即**时间间隔相对稳定，距离间隔相对易变。**

从图 3 还可看出，前行列车一经驶出 S_2，等距离性间隔便遭到破坏，随着前行列车速度的逐渐降低，距离间隔 $S_{隔}$ 也逐渐变小。前行列车通过 S_3 后虽然速度逐渐回升，但由于跟踪列车速度仍高于前行列车，故 $S_{隔}$ 将继续减少。一直到某一时刻，当前行列车和跟踪列车速度瞬间相等时，距离间隔便达到 $0\sim S_7$ 间的最小值 $S_{隔min}$。此后，随着前行列车速度的进一步提高，$S_{隔}$ 逐渐增大，至跟踪列车到达 S_5，距离间隔第一次达到 $0\sim S_7$ 间的最大值 $S_{隔max}=S_{等隔2}$。在图中情况下，当前行列车到达 S_4 时，距离间隔达到最小值。

结论三：正常情况下，级别相同的列车沿开放式或现行操纵示意图通过速度线跟踪运行时，在各个较大距离范围内保持等时性间隔的性质。当速度变化不大(通常为线路纵断面变化不大)时，等时性间隔和等距离性间隔同时存在，在基本保持等时性间隔的前提下，低速时的距离间隔要小于高速时的距离间隔。而当速度发生显著变化(通常为线路纵断面有明显变化)时，等距离性间隔遭到破坏，等时性间隔依然成立。

结论四：通常凸变坡点处、慢行地点、中途进路方向发生变化(即侧向道岔限速)的地点，巨大有用动能倾注热点的中间站，以及终点站接近处等，距离间隔都容易达到所属操纵小区内的最小值。因此，易对跟踪列车产生刚性波及。

55. 增加和减小时间、距离间隔的操纵方法

(1)使时间、距离间隔一般趋势向增大方向移动的控制方法：跟踪列车控制方法参见表4；前行列车与表4控制方法相反。

(2)使时间、距离间隔一般趋势向减小方向移动的控制方法：跟踪列车与表4相反；前行列车与表4相同。

表4 跟踪列车控制方法

工况	控制方法
牵引运行	降低牵引功率
制动运行	增大制动力和制动时间
惰力运行	降低惰行初速

56. 刚性波及和柔性波及的特点

(1)刚性波及的特点

由于距离间隔迅速变小，往往使跟踪列车司机措手不及。面对这一矛盾，一般都是通过制动来解决，这样便进一步扰乱列车间的正常时间和距离间隔，从而对其他跟踪列车也产生刚性波及。这种情况在繁忙干线较为常见，我们称此种情况为连锁效应。

(2)柔性波及的特点

由于距离间隔缩小的速率缓慢，故能使跟踪列车司机有较为充分的反应余地。跟踪列车司机一般采用适当降低牵引功率、回手柄惰行或适当采取制动措施多消耗无用动能的方法，就可完全或基本化解柔性波及。

57. 刚性波及和柔性波及的相对性

(1)刚性波及的相对性

由于各种原因，如司机操纵方面、车站方面、设备方面或调度方面等，致使前行列车对跟踪列车产生刚性波及，如果跟踪列车司机经验丰富，及时获得有关信息，并在恰当时机采用与实际情况相对应的适度保守式操纵，增大距离间隔，将化刚性波及为柔性波及，甚至完全化解刚性波及。对其他跟踪列车也仅产生柔性波及，从而将抑制繁忙区段的“连锁效应”现象的出现。

(2)柔性波及的相对性

尽管前行列车对跟踪列车产生的只是柔性波及，但是，如果跟踪列车司机不是依据实际限制条件采用适度保守式操纵，而是一味地采用开放式或与之近似的操纵方法，由于距离间隔 $S_{隔}$ 的不断缩小，就可能使柔性波及转化为对自己的刚性波及，进一步发展，对其他跟踪列车也将产生刚性波及，甚至会产生“连锁效应”现象。

58. 列车跟踪运行的稳定问题

“列车跟踪运行的稳定”是指前行列车运行趋势已呈现出有规律的变化，跟踪列车司机能容易地做出准确的判断。比如：

(1)跟踪列车猛然受到刚性波及，在进行速度调整后继续跟踪运行一段时间，一般便能准确把握前行列车的运行趋势。

(2)在通过限速地点前，一般前行列车有明显降速趋势；通过限速地点后，有明显升速趋势。

(3)前行列车由车站开车，一般有明显升速趋势。

(4)前行列车在理想条件下运行，一般基本按现行操纵示意图的速度线运行。

59. 什么是合适的列车间隔

“时间间隔相对稳定，距离间隔相对易变”。司机若不清楚列车间隔的这种变化规律，则当距离间隔取得最小值时，若受到刚性波及，将不可避免地要造成不必要的制动损失；或在距离间隔取得最小值时，前行列车仍然无影无踪，使通过能力降低。因此，所谓调整合适的列车间隔就是要求司机把握适度原则，在各优化操纵小区内，做到当距离间隔取得最小值时不受到刚性波及，同时跟踪又比较紧凑，从而达到安全、经济和高效的多重目的。

60. 列车跟踪运行操纵的目的

列车在自动闭塞区段运行时，若由于各种原因产生了制动，往往对跟踪列车产生刚性波及。不仅造成本列车的制动损失，而且可能导致跟踪列车(一列或多列)也产生不必要的制动损失。所以,列车跟踪运行操纵的目的,一方面是尽量减少本列的不必要制动损失(尤其是高速和牵引重货列车时);另一方面要尽量减少对跟踪列车的刚性波及频率。这实际也是列车跟踪运行操纵的总原则。

61. 列车跟踪运行操纵原则

(1)微调原则

所谓微调原则是指在列车跟踪运行稳定的前提下,当跟踪列车司机发觉列车间隔不理想时,为了保持合适的列车间隔,对前行列车的速度线所做的适当修正,它包括牵引微调和制动微调。

牵引微调是指牵引运行时,若司机发觉时间或距离间隔不足,就应提前适当减少一点牵引功率,力求在一段较长距离内把间隔拉大;反之,则应适当增加一点牵引功率。

制动微调是指司机为保持合适的列车间隔,通过适当调节无用动能(速度)的大小来调整列车间隔的大小。

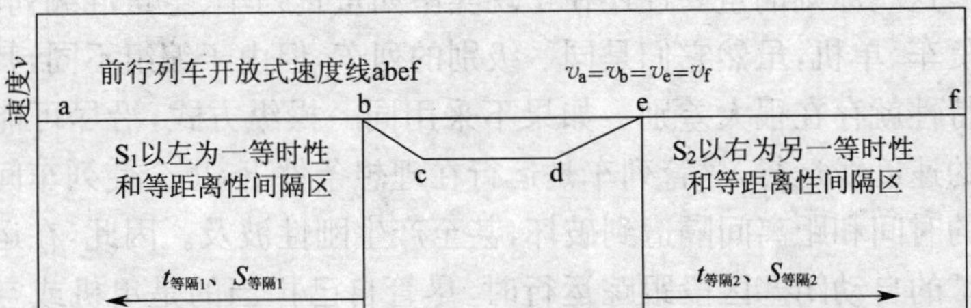

图 4　跟踪列车沿前行列车开放式速度线采用牵引微调方法增大列车间隔示意图

在 0～S 间前行列车沿 abef 开放式速度线运行,跟踪列车沿 abcdef 速度线运行。起初跟踪列车司机发现远处有黄灯(即黄色信号)或通过无线电话得知前行列车离自己距离较近,为增大列车间隔,采用牵引微调方法,在 S_1 处适当降低牵引功率,使跟踪列车速度线逐渐低于开放式速度线,从而将时间和距离间隔逐渐拉大,经过一段时间,司机认为时间和距离间隔较为合适后,再适当增加牵引功率，至 S_2 处跟踪列车与前行列车速度线又达到重合，等时性和等距离性又同时存在。经过 $S_1 \sim S_2$ 间的牵引微调（即对开放式速度线的适当修正），使跟踪列车在距离间隔取得最小值时可能受到的刚性波及，在不知不觉中得到化解。此时显然有：$t_{等隔1} < t_{等隔2}$　$S_{等隔1} < S_{等隔2}$

（2）平行操纵原则

所谓平行操纵原则是指列车跟踪运行已稳定，跟踪列车司机在保持必要时间间隔的前提下，应尽可能采用与前行列车同一的操纵方式，也即沿尽可能一致的速度线运行，以维护列车间正常的时间和距离间隔。

平行操纵原则主要适用于同一级别的列车。这样做能使等时性较为稳定，便于跟踪列车在准确判断前行列车运行趋势的基础上进行微调。

这一原则不仅适用于理想条件，也适用于非理想条件，因而它是对结论三（参见第 54 条）的进一步扩展。

这一原则的重要性还在于现实中如重货列车、空重混编列车、空货车、单机，虽然它们是同一级别的列车，但由于编组不同，其速度特性就存在很大差别。如果不采用同一操纵方式，沿尽可能一致的速度线运行，尽管列车是运行在理想条件下，也会使列车间正常的时间和距离间隔遭到破坏，甚至产生刚性波及。因此，在运输繁忙的自动闭塞区段跟踪运行时，尽管自己担当的是单机或空货列车值乘任务，也要尽量沿重货列车的速度线运行，除非调度等方面有什么特殊要求。这具有重要安全经济和效率意义。

（3）牵引手柄挡位相对稳定原则

所谓牵引手柄挡位的相对稳定，是指列车运行在理想条件下或跟踪运行时，司机为保持合适的列车间隔，在对牵引功率的宏观变化趋势熟知的基础上，采用微调技巧，避免频繁移动手柄挡位而使牵引功率在短时间内出现无目的性的大起大落。

（4）级别不同列车跟踪运行操纵原则

级别不同的列车跟踪运行，应视具体情况具体对待。如货物列车跟踪旅客慢车运行时，除应考虑站停时间外，还应考虑到旅客慢车必须在出清两个闭塞分区后，出站信号机才可以开放。

(5)货物列车黄灯、绿灯原则

黄灯原则是指货物列车在上坡道或低速跟踪运行时，在最坏情况下，也应尽量跟着黄灯(即黄色信号)运行，以便留有调节余地。否则，应进行牵引微调，增大列车间隔。

绿灯原则是指货物列车在较为平坦的线路或下坡道高速运行的情况下，必须保证跟着绿灯运行。否则，就必须回手柄惰行或采取制动措施做较大幅度的调节。

(6)突发事件处理原则

在平道或下坡道高速运行的列车，若猛然遇到黄灯、红灯、受到刚性波及，应迅速解除牵引功率，并做好停车准备。

五、优化操纵环境问题

(一)车机联控制度优化重点

车机联控制度是我国铁路机车司机提前获知列车运行前方限制信息的一项重要制度。它的优化,无疑是少投入、高产出的范例;更是信息潜在经济价值在铁路运输中的充分体现。

62. 列车运行信息的巨大经济价值

对列车动能可做如下描述:一列重货列车在平直线路上以 80 km/h的初速惰行至停车,约走行 17 km 的路程。由于地形地物和透视距离等原因,致使地面信号机的显示距离,一般情况下要远小于列车具有动能的惰行距离。因此,如果司机仅凭地面信号机显示运行,当遇黄灯、红灯时,等待它的解决方式,往往是制动,不必要制动损失就在所难免。

如果司机能提前得到前方某地点或某站完整准确的某种波及强度的运行限制信息,随之采用适度的保守式操纵,就可减弱波及强度,甚至完全化解。这样,不仅能取得双重节能效果,而且也使局部运行秩序得到优化。

以 SS_4 型机车牵引 5 500 t 货物列车为例,若使 80 km/h 的有用动能被不必要制动完全消耗掉,等于损失约 487 kW·h 的电能。不仅如此,由于列车制动停车,极易对跟踪列车形成刚性波及,导致一列甚至多列也接连产生不必要制动。既造成巨大经济损失,也恶化了局部运行秩序。这既不利于安全,也不利于效率,更不利于经济效益。

在繁忙铁路干线上,非理想条件也是经常存在的。由于运行限制信息传递渠道不畅,即不及时、不准确。由此引发了大量的不必要制动。据统计资料显示,不必要制动耗能约占机车运行用能耗的 9%。显然,此方面的节能潜力最大。列车运行信息的潜在巨大经济价值便凸现出来。

63. 列车无线调度通信设备是实现列车运行信息巨大安全经济价值的特殊性载体

减少不必要制动耗能是优化列车运行的关键。是采用开放式操纵？还是采用何种程度的保守式操纵？一方面取决于机车司机本人的素质，但更为重要的是取决于他能否及时获得前方运行信息，前方运行信息制约着机车司机操纵。

地面色灯信号所表示的是狭窄的、固定的信息。列车无线调度通信设备能实现远距离传递各种复杂的列车运行信息，这是地面信号机所不能替代的，它是实现列车运行信息巨大安全经济价值的特殊性载体，是机车司机超视觉的眼睛。

64. 使用列车无线调度通信设备存在恰当地点

若机车司机采用开放式操纵运行，当列车距某一较经济、较不经济或不经济型中间站很近时，才询问是否通过等情况，即使得到列车通过将受到很强的波及信息，采取措施为时已晚，解决的方式，只有制动；同样，若开来列车已离车站很近，车站才告之该列车司机需安排临时停车、侧线通过等，司机得知此信息，也为时已晚，不必要制动损失在所难免。这就充分说明，使用列车无线调度通信设备存在着恰当时机。司机若能在恰当地点得知前方较经济、较不经济或不经济型中间站将临时安排停车或将产生某种程度波及影响，只要及时采用适度保守式操纵，就能有效地减少或避免不必要制动，也使运行秩序得到优化。

重货列车对于处在连续平道上的较经济型中间站使用无线调度通信设备的恰当地点，如图 5 所示。图中 ab 为重货列车的牵引开放式速度线，aS_2 为该列车的惰行速度线。当该列车在地面参照点 S_1 处以开放速度 v_a，由牵引运行转为惰行，至保守式操纵目标 S_2（S_2 距 S_3 约 200 m，S_3 为较经济型中间站乙站进站信号机坐标）处列车动能被运行基本阻力功全部耗尽，即速度为零。故 S_1 以左区域为重货列车对较经济型中间站乙站或乙站对重货列车使用无线调度通信设备恰当地点。

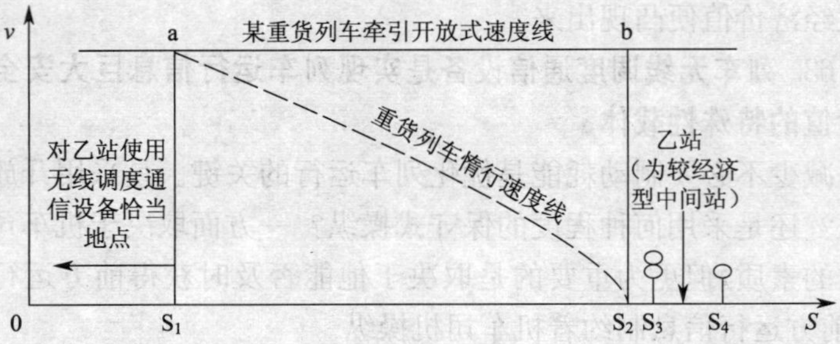

图 5　重货列车对于处在连续平道上的较经济型中间站使用无线调度通信设备恰当地点示意图

在恰当地点司机得到前方较经济、较不经济或不经济型中间站某种程度的波及信息时，若能及早采取适度的保守式操纵拖延必要时间，就能有效地避免有用动能损失。而对于每一个较经济、较不经济或不经济型中间站，一般都存在恰当地点。

65. 倒推惰行速度线法求解列车无线调度通信设备使用的恰当地点

恰当地点总的制定原则是以列车有用动能能获得充分利用为前提。其求解方法为倒推惰行速度线法，具体步骤为：

(1)选取对应恰当地点的保守目标

①较经济型中间站，即位于连续平坦线路上的中间站，其恰当地点所对应的保守式操纵目标，一般选在对应车站进站信号机外方 200 m 处。

②较不经济、不经济型中间站，恰当地点距车站较远（当跨越相邻中间站时，这两个车站应建立起车机联控主从协作制度）。一部分保守目标是选取距进站信号机较近的某一凸变坡点；另一部分保守目标是选取车站中心。

③经济型中间站，对于货物列车来讲一般不选恰当地点的保守目标，也即无需确定恰当地点。

(2)两种倒推惰行速度线，确定恰当地点的方法

①从保守目标并从速度为零开始，在列车优化操纵示意图中向左倒推绘制惰行速度线。当惰行速度线与开放式速度线相交

时，所对应的地面参照点以左范围即为所对应中间站的恰当地点。

②对于部分较不经济和不经济型中间站可采用从站中心处开始以开放式速度或某一保守式速度倒求惰行速度线，速度为零时的地点以左范围即为恰当地点。对于倒求时开始速度值的确定要遵循以下二个原则：一是尽量不使下坡道重力势能转化的有用速度遭到浪费；二是列车若利用此速度继续惰行一段距离时不至于对跟踪列车形成刚性波及。

66. 优化的车机联控制度加优化的机车操纵

列车运行信息制约着机车司机操纵，列车运行信息具有潜在巨大经济价值，真可谓“一语抵万金”，列车无线调度通信设备又是实现列车运行信息巨大安全经济价值的特殊性载体，是机车司机超视觉的眼睛。如何充分挖掘列车无线调度通信设备的潜能，非“优化的车机联控制度”莫属。现阶段，要想有效降低能耗量，应找准这个重点攻关。优化的车机联控制度加优化的机车操纵并辅以必要的科学的考核，能成为铁路运输挖潜、提效、降成本、保安全的最佳组合方式之一。

(二)整体调度与局部调度优化重点

67. 列车调度员整体调度优化重点

列车调度员应对所调度区段的线路纵断面、机车操纵方式、列车速度特性、动能有用程度等有一个感性的了解和宏观的把握，应熟记车站的经济类型；对整体优化调度方法能熟练运用。具体优化重点如下：

(1)安排重货列车停车，应尽量避开不经济型中间站，其次是较不经济型中间站。

(2)利用调度指挥手段消除现实中巨大有用动能倾注热点现象的发生。

例如：下行货物列车经常在界首站让行泰山站停车的旅客列车，旅客列车一通过界首站，货物列车随即便跟着黄灯走，其结果是货物列车100%要在泰山机外或站内大幅度减速，甚至停车。

不久，信号便显示绿灯，货车重新加速。由于速度低，往往导致跟踪列车也接连制动，造成大的制动损失，也使局部运行秩序恶化。解决的方式：一是界首站适当拖开几分钟；二是从属站大河预报机车司机泰山站进出站信号多少分钟后可以开放；三是机车司机采用适度的牵引和制动保守式操纵，在通过大河前拖延大部分必要时间，为列车通过泰山站时利用下坡道重力势能转化的巨大动能接近开放式速度水平奠定基础。

(3)认真听取各车站有关优化列车运行的建议。尤其是不经济或较不经济型车站接发列车、调车作业时要选择合适的列车间隙，尽量减少对通过重货列车的影响。

(4)通过车站值班员利用好无线调度通信设备向司机及时下达阶段优化运行调整信息，优化列车运行秩序。

(5)尽量减少列车不必要的站停次数和站停时间。两者应以减少站停次数为主，减少站停时间为辅。

(6)重货列车与空货列车相比要重点掌握、重点考虑。

68. 车站值班员局部调度优化重点

(1)车站值班员一项特别重要的工作就是应全力搞好车机联控工作，以尽量避免或减少列车有用动能损失和优化列车运行秩序为己任，其工作是联结调度员和机车乘务员的纽带，具有承上启下的特殊作用。

(2)查定并熟练掌握车站接发列车、调车作业等影响车站进、出站信号开放的时间值(分钟)，依此制定有关及时发送信息的作业标准。

(3)车站值班员应对各种列车接近车站的操纵方式和列车具有动能的有用程度有一个感性、宏观的把握。当对开来列车，尤其是通过列车将产生波及时，应及时发出准确、完整的运行信息；按照调度指示，准确及时地向司机发出加、减速，何时到达何站的阶段优化运行调整信息。

(4)以列车安全、经济、高效运行为目的，认真制定各种情况下的局部优化调度方案。

(5)准确及时地向列车调度员反馈有关情况，提出优化列车运行的有关建议，以利于列车调度员整体调度优化。

(6)接发列车、调车作业影响正线，要精心组织，提前准备，选择好合适的列车间隙，把对通过列车产生的波及强度降到最低。

(7)客车、重货列车与空车相比要重点掌握、重点考虑。

(三)站场、线路、道岔、信号及工电施工优化重点

69. 站场、线路优化重点

站场、线路选址，设计、施工应充分考虑重力势能转化为动能的利用问题，应吸取机车优化操纵理论的研究成果，为列车优化运行服务。

(1)站场选址一般应遵守以下原则：应尽量远离凹变坡点，尤其是编组站和其他频繁停车站；应尽量在凸变坡点或之前；应尽量避开小下坡道。

(2)线路优化重点

线路起伏，就容易在局部形成由下坡道重力势能转化的列车动能。由于站场所处位置、各种限制速度、行车指挥等原因，经常使下坡道重力势能转化的列车动能得不到充分利用，被白白消耗于制动过程中。因此，线路勘查、设计应尽量平坦，并尽量避免大的起伏；施工改造应尽可能"削平"典型凸变坡点，并尽可能"抬高"典型凹变坡点；对于一般凸、凹变坡点应结合既有站场位置，列车停车频率等考虑施工改造。

区间内的一般凸变坡点，当坡高较小，凸点又距前方站较远，一般无必要施工改造。如果凸点过后不远处为一频繁停车站，就应考虑对其适当削平。

区间内一般凹点，通常也无必要施工。当一频繁停车站处于一凹点时，有机会可考虑适当抬高施工。

70. 道岔优化重点

部分道岔由于侧向限速低，直接造成局部运行秩序混乱，能耗增加。若全面进行道岔换型施工，尽管能为列车优化运行创造最

为优越的条件，但投资巨大。为此，道岔优化也应讲究投入与产出的关系。在优化操纵理论指导下，可只对某些关键道岔进行优化。

关键道岔是指大量列车需经此侧向运行的某个或数个道岔。由于限速值偏低，使列车在此之前获得的一部分有用动能无法利用。也就是说，为使有用动能得到充分利用，可仅仅改造主要运行径路上的关键道岔，而其他道岔可不改造。这样就能够以少量的投入，取得巨大列车运行优化效果。

71. 道岔优化应遵循的原则

(1)大量列车经固定线路侧向通过的那个道岔应尽量更换最大型号道岔。

(2)车站接车经路的侧向道岔一般要比发车经路的侧向道岔优先进行考虑。

(3)对道岔侧向限速低(一般指 8 号、10 号道岔)，站外制动调速后又需牵引进站，并且货物列车停车频率又较高的车站，其接车经路的侧向道岔有必要更改较大型号道岔(一般应由 8、10 号改为 12 号道岔)，这将使货物列车运行得到基础性优化。

72. “长”接近，“短”离去信号机设置位置优化重点

关键信号优化设置对列车优化运行也发挥着重大作用。关键信号优化设置在自动闭塞区段特指一、二接近信号机与进站信号机，一、二离去信号机(尤其是一离去)与出站信号机间设定距离对列车优化运行的影响问题。列车跟踪运行操纵理论指出“时间间隔相对稳定，距离间隔相对易变。”前行列车不正常的运行状态，如不必要制动，起车加速阶段。由于运行速度低，使得跟踪距离急剧缩短。而地面信号机间的距离是一定的，故地面信号对跟踪列车易形成刚性波及。由于车站接发列车、调车作业等影响因素较多，故中间站易对开来列车形成刚性波及。但如果将一、二接近信号机与进站信号机设定的距离尽量长，就能使波及信息及早发出；一、二离去尤其是一离去与出站信号机间距离设定尽量短，就可使由车站起车开出的列车能尽快让出分区，从而能显著降低波及强度。“长”接近，“短”离去，这是列车跟踪运行优化操纵理论关于对信号机优化设置问题得出的重要结论，值得研究推广。

当然，长或短也应结合线路纵断面、列车密度、车站作业繁忙程度等综合进行考虑。如以线路纵断面为例，当出站方向为上坡道时，一离去相对应更短些；反之，相对应稍长些。

前些年在济南局“三项攻关”活动中，济南局管内京沪线的不少通过信号机位置进行了优化。

73. 信号显示优化重点

三显示自动闭塞区段，由于地形地物和透视距离等原因，当遇黄灯时，不必要制动较易发生。当采用四显示时，就会使前方信号的波及信息比三显示能提前一个闭塞分区发出，为司机及时采用适度保守式操纵创造了优越的条件。从而能进一步优化列车运行秩序，有效地减少不必要制动损失。因此，为适应列车提速，为实现节能降耗目标，列车运行波及信息利用地面信号更远地传递，应是地面信号和机车信号优化研究推广的重点。

另外，虽然把大量列车经车站固定线路侧向通过的道岔已更换为 18 号及以上道岔，但是从信号机显示状态若不能进行黄闪黄显示，道岔的潜能也就不能充分发挥。因此，对这类关键信号，也要引起高度重视。

六、机车微观优化操纵方法

(一)机车宏观与微观优化操纵方法的关系

74. 机车微观优化操纵方法

机车微观优化操纵方法是指列车运行在理想或非理想条件下,机车司机为实现整体优化目标下的阶段优化目标而采取的措施,手段,其方式、方法呈现出一种局部态势。

宏观优化操纵方法仅有两种,但微观优化操纵方法却有很多种。有的侧重安全,有的侧重节能,有的侧重运行秩序,有的侧重效率,或兼而有之。

75. 机车宏观和微观优化操纵方法的关系

宏观方法是骨架、是灵魂,它是从战略高度统揽,决定着微观方法的组合、取向。不懂得宏观优化操纵方法,对微观方法的运用就会迷失方向、漫无目的。因此,作为机车司机首要的任务就是要学会并熟练运用机车两种宏观优化操纵方法,在此基础上努力学习掌握微观优化操纵方法,尤其是重要的微观优化操纵方法。

微观方法是宏观方法的基础、细化、延伸,它是从战术角度着眼的。只懂得宏观方法而微观方法掌握很少,宏观方法就无从下手,机车优化操纵仍停留在低水平上。因此,要使宏观方法臻于完美,还必须熟练掌握多种微观优化操纵方法。

微观方法的阶段目标是为宏观方法整体目标服务的。如果整体优化目标不清,阶段优化目标也就无从谈起;阶段优化目标未实现,也谈不上实现整体优化目标,两者相辅相成。

无论是整体优化目标,还是阶段优化目标,主要是指机车以对应运行工况至各参照点,尤其是重要经济控制点的运行速度值。

（二）数种机车微观优化操纵方法简介

76. 列车动能大小与改变错误操纵习惯

列车具有动能的大小可用 $E_k = \frac{1}{2}mv^2$ 这样一个数学式表示。m 为列车质量，它等于机车质量加牵引质量；v 为运行速度。即列车动能与列车质量成正比，与速度的平方成正比。

对同一列车来讲，当运行速度分别在 10、20、30、40、50、60、70 km/h时，列车具有的动能比为 1∶4∶9∶16∶25∶36∶49。由此可以看出，70 km/h 时的动能是 10 km/h 时动能的 49 倍，是 50 km/h时动能的近两倍。避免 70 km/h 的不必要制动，与避免 10 km/h 不必要制动相比，等于节约了 49 倍的能耗。因此，作为一名火车司机如能对列车动能有这种数量上的感性认识，将会改变其错误操纵习惯。在操纵上重视高速，注意保持好合适的列车间隔，尽量使高速，尤其是使高速运行的重货列车不产生不必要制动。而列车低速运行时，动能较小，施行制动，能量损失小。因此，当进站停车前调速过低时，应提手柄牵引进站，不要在低速时斤斤计较，其实耗能很少，但这对防止顶车优化局部列车运行秩序来讲却是很重要的。

77. 列车高、中、低速及相互波及规律

对货物列车高、中、低速段可参照以下标准划分：40 km/h 以下为低速段，40～60 km/h 为中速段，60 km/h 以上为高速段。

列车在低速段运行易对跟踪列车形成刚性波及；列车在中速段运行所形成的波及一般多为柔性波及，既可能使本列遭到柔性波及也可能对跟踪列车形成柔性波及；列车在高速段运行时本列易遭到波及。

78. 快起车、快加速操纵法

主要目的是为减弱对跟踪列车的波及强度，优化局部列车运行秩序；次要目的是提高技术速度，提高通过能力。

该方法应以平稳和不发生空转为前提，适时提高手柄挡位，使

列车在较短时间内达到较高运行速度。HXD_3、SS_4 改型电力机车的手柄进位参见第 128 条；ND_5 型机车快速起车时，重货列车前三位不受三秒限制。在以后每挡间停留不少于 3 s，并且在不发生空转的情况下，适时提高手柄挡位。重货列车对应速度进位指导如下：10 km/h 时进 4 位、15 km/h 进 5 位、20 km/h 进 6 位、25 km/h进 7 位、28 km/h 进 8 位。

适用范围：理想条件下正线开车、侧向限速高的车站侧线开车、平道或上坡道车站开车、有用动能倾注热点车站开车、跟踪旅客快车开车、慢行地点通过后或波及解除后适宜快加速。

79. 二阶段快加速操纵法

为提高通过能力或为减少对跟踪列车的波及强度，充分发挥机车牵引力，在侧向道岔限速较低的车站开车时通常应采用二阶段快加速操纵方法。

第一阶段：以较高手柄位使列车在较短距离内达到接近道岔限速的某一理想速度，然后适当回手柄，保持这一理想速度使列车全部越出道岔。

第二阶段：列车越出道岔后，将手柄置以较高位置，使列车在短距离内加速至另一理想速度。

80. 牵引微调操纵法

该方法是指牵引运行时，若司机发觉时间或距离间隔不足，就应提前适当减少牵引功率，力求在一段较长距离内把间隔拉大；反之，则应适当增加牵引功率。

81. 牵引手柄挡位相对稳定操纵法

当列车运行在理想条件下或跟踪运行时，司机为保持合适的列车间隔，采用微调技巧，避免频繁移动手柄挡位而使牵引功率在短时间内出现无目的性的大起大落，以利于机车操纵保养。

82. 开放式提手柄法

该方法包括起车阶段提手柄法和运行途中提手柄法。起车阶段提手柄法以平稳和不发生空转为前提，并适时提高手柄挡位，其进位时间间隔也要符合保养要求。以 ND_5 型机车为例，每挡停留不少于 3 s,并应尽量紧凑。

运行途中提手柄法包括由零位进某位或由某一较低位进某一较高位。前者应在最低功率的手柄位停留时间稍长,以利于平稳,此后每位停留时间不少于最低时间标准,并尽量紧凑,逐位移至所需位置;后者每位停留时间不少于最低时间标准即可,并尽量紧凑。

这种较为紧凑连续的提手柄方法称为开放式提手柄法。

优化操纵示意图中开放式速度线上所对应的手柄进位环节均采用开放式提手柄法。

HXD_3、SS_4 改型恒力、准恒速机车的开放式提回手柄方法参见第 127 条。

83. 开放式回手柄法

优化操纵示意图中开放式速度线上所有回手柄环节均采用开放式回手柄法。该方法为逐位回手柄,每位间隔不少于最低时间标准,2 位回 1 位,尤其是 1 位回零位,应在 1 位放置时间稍长,以利于平稳和机车保养。这种紧凑连续的回手柄方法称为开放式回手柄法。

此种回手柄方法还适用于平坦线路施工慢行前牵引转惰行。它与过早地采用低挡位牵着走的操纵方法相比能明显缩短运行时间。

HXD_3、SS_4 改型恒力、准恒速机车的开放式提回手柄方法参见第 127 条。

84. 惰行微观优化操纵方法

惰行微观优化操纵二要素:一是开始参照点,二是对应该参照点的列车运行速度。把握住这二要素是准确“遥控”另一参照点列车运行速度,实现阶段优化目标的关键。因为只有,也只有惰行才会使列车动能得到充分利用。所以惰行是机车优化操纵的关键环节,尤其是重货列车。除线路纵断面外,是列车单位运行基本阻力特性决定着列车惰行速度特性。

图 6 为机车司机欲使三种不同编组的列车由参照点 S_1 惰行

至 S_2 达到同一速度的操纵方法示意图。这三种不同编组的列车分别是：空货车、空重混编列车、重货车。显然，在同一运行速度下（无论速度值是多少），这三种不同编组列车的惰行单位基本阻力存在着下列关系：

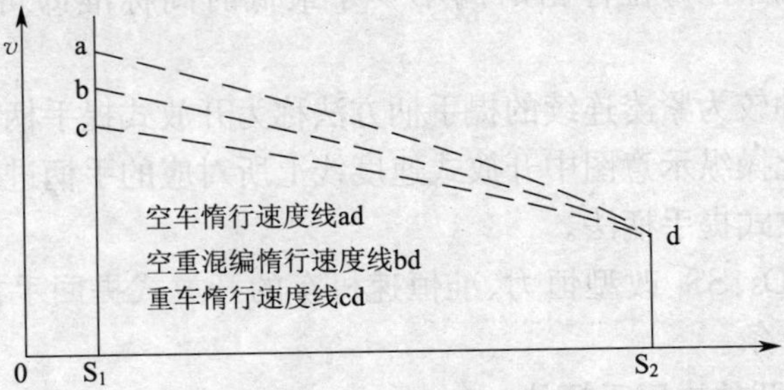

图 6　平道上三种编组货物列车由参照点 S_1 惰行至 S_2 达到同一速度操纵方法示意图

$$w_{od空} > w_{od混} > w_{od重}$$

式中　$w_{od空}$——空货列车惰行单位基本阻力（N/kN）；

$w_{od混}$——空重混编列车惰行单位基本阻力（N/kN）；

$w_{od重}$——重货列车惰行单位基本阻力（N/kN）。

因此，为实现惰行微观优化操纵阶段目标 v_d，三种编组列车在参照点 S_1 处的运行速度关系为：

$$v_a > v_b > v_c$$

式中　v_a——空货列车在 S_1 处的运行速度（km/h）；

v_b——空重混编列车在 S_1 处的运行速度（km/h）；

v_c——重货列车在 S_1 处的运行速度（km/h）。

只要机车司机能熟练掌握惰行微观优化操纵方法，熟知几种典型编组列车的惰行速度特性，尤其是重货列车的惰行速度特性。为使列车在参照点 S_2 处达到某一理想速度，便采取在牵引阶段适当调整牵引手柄挡位或在制动调速阶段适当掌握好缓解时机，来调节列车在参照点 S1 处的速度高低达到上述目的。在实际操纵中，司机要注意形成固定的操纵模式，这样做能熟知其速度特性，也能从中发现某些规律性的东西。当然，对于固定模式并不是绝对的，而是有条件的。但在司机心中不能没有一种参照标准。

微观优化操纵的阶段优化目标，其构成有三个要素。用图6中 $S_1 \sim S_2$ 来表述就是：列车至 S_2 时的速度值；运行工况；运行时间。

表5、表6分别列出了 HXD_3 型机车，在平道、3‰及5‰上坡道分别牵引整列重货、空货列车在各速度间隔内惰行时的惰行距离及惰行时间参考值。表中所列数据是利用铁道科学研究院开发的牵引电算软件（《牵引电算》V2.5版）模拟的。它对于帮助机车司机提高惰行优化操纵技术水平具有重要指导意义。

表5　HXD_3 型机车牵引5 500 t重货列车惰行距离及时间参考表

坡度‰	速度间隔	80～0	80～70	70～60	60～50	50～40	40～30	30～20	20～10	10～0
0	惰行距离（m）	16 560	2 914	2 849	2 761	2 442	2 191	1 759	1 145	399
3		5 706	1 206	1 100	992	835	669	493	309	102
5		3 976	875	795	686	552	466	327	205	70
0	惰行时间（min）	28.70	2.35	2.63	3.02	3.40	3.77	4.23	4.60	4.70
3		8.95	0.98	1.02	1.08	1.12	1.15	1.18	1.23	1.20
5		6.18	0.70	0.73	0.75	0.77	0.80	0.80	0.82	0.82

表6　HXD_3 型机车牵引1 409 t全列空货车惰行距离及时间参考表

坡度‰	速度间隔	80～0	80～70	70～60	60～50	50～40	40～30	30～20	20～10	10～0
0	惰行距离（m）	6 244	974	979	994	987	892	742	498	178
3		3 571	647	650	596	549	466	354	230	79
5		2 740	562	505	458	413	333	253	159	57
0	惰行时间（min）	11.55	0.80	0.92	1.10	1.32	1.53	1.80	2.00	2.08
3		6.02	0.53	0.60	0.67	0.73	0.80	0.85	0.92	0.92
5		4.60	0.45	0.48	0.52	0.57	0.60	0.65	0.67	0.67

85. 制动微观优化操纵综合方法

虽然制动阶段在整个列车运行过程中只占很小比例，但它对于列车优化运行却能产生重要影响。因此，要做到合理减速，实现制动微观操纵的阶段优化目标，机车司机就必须熟知列车获得动能的有用程度。在理想条件下，尽量缩短运行时间；在非理想条件下，多削减、提前削减无用动能，以拖延必要时间，使有用动能得到充分利用或避免重货列车坡停。

制动微观操纵方法二要素：一是制动时机，二是缓解时机。

制动时机有三个要点：一是制动开始参照点，二是空气制动减压量或动力制动手柄位，三是对应速度。缓解时机有两个要点：一是缓解参照点，二是对应速度(这是准确“遥控”另一参照点运行速度，实现惰行阶段优化目标的关键)。

图 7 中，abc、fde、gh、ij 为惰行速度线；cd、bfg 为站外制动调速速度线；hi 为进站二次牵引加速速度线；ejS$_4$ 为站内制动停车速度线。S$_3$ 为车站侧向道岔坐标。k$_1$ 为车站道岔侧向限速速度线。下面以图 7 为例对理想条件下车站侧线停车过程三种不同站外调速制动方法对运行时间和耗能量所产生的不同结果进行说明。

表 7 中不同制动调速方法下运行时间及耗能参变量结合图 7 进行比较，显然存在以下关系：

$$t_1 < t_2 < t_3$$

$$E_1 < E_2 < E_3$$

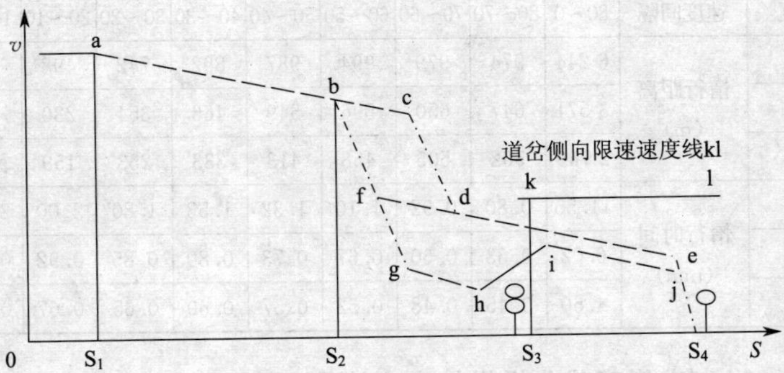

图 7　平坦线路车站停车不同制动方法对运行时间和耗能影响示意图

表 7　S2～S4 间三种操纵方法运行时间及耗能参变量表

操纵方法	速度线	运行时间	耗能量
1	bcdeS_4	t_1	E_1
2	bfdeS_4	t_2	E_2
3	bfghijS_4	t_3	E_3

E_2 比 E_1 稍多，差别约为对应于(t_2-t_1)时间的机车空载耗能量。

第一种站外调速制动方法其制动时机、缓解时机掌握得当，正点到达前方站停车；

第二种站外调速制动方法其制动时机过早，缓解时机得当，造成稍晚点到达；

第三种站外调速方法制动时机过早，缓解时机过晚，不但造成晚点较多，而且因缓解时机过晚造成进站二次牵引加速，使耗能量明显增加。

也就是说，在理想条件下进站停车，即使列车在 S_2 处获得相同速度(v_b)，制动微观优化操纵技术水平高(制动时机，缓解时机把握的恰到好处)的司机，能使列车尽快停于前方站；操纵技术水平低的司机则往往延迟到达，当缓解时机过晚，还易造成进站二次牵引加速，不仅使运行时间延长，而且也使能耗增加。

86. 一段制动法和二段制动法

施行制动后不再进行缓解，根据列车减速情况适当进行追加减压，使列车停于预定地点的制动微观方法就叫做一段制动法。

进站前施行制动，待列车速度降至所需速度时进行缓解，充满风后再次施行制动，使列车停于预定地点，这种制动微观方法就叫做二段制动法。图 7 中所示，就为三种优化程度不同的二段制动法。

87. 长波浪式制动法和短波浪式制动法

减压量小、降速慢、制动距离长，这种制动微观方法叫长波浪式制动法；减压量大、降速快、制动距离短，这种制动微观操纵方法叫短波浪式制动法。

因长波浪式制动法降速慢，当慢行处所为下坡道时，没有动力制动的机车，适宜采用此法。又因此法列车冲动小，故站内停车也适宜采用此法。应当注意采用此法制动距离不宜过长，以免闸瓦过热制动失效，或因机车轮箍过热而弛缓。

因采用短波浪式制动法列车降速快，当重货列车在长大下坡道运行，若采用一次长波浪式制动调速距离太长时，可考虑采用二次短波浪式制动调速；当前方运行限制信息传递不及时时（太晚），重货列车又处于长大下坡道运行，可立即采用短波浪制动，尽快削减无用动能以拖延必要时间。短波浪式的缺点是制动频繁，冲动大，因此使用时要调整好机车制动力，防止断钩。尤其要掌握好缓解时机，此时，既要适当增大机车制动力防止冲动，又要防止充风不足，错过下次制动时机。

88. 停车平稳准确的制动方法

站内停车平稳准确的制动方法应遵循以下二条原则：一是初减压宜小不宜大（主要是为平稳，因为越接近停车，摩擦系数越大，制动力随之加强）；二是根据停车标位置，应留有一定的追加减压余地。即初减压为对停车位置的粗调，追加减压为精调。掌握追加减压不应超过初减压量的 1/2。

89. 中速段运行双优化操纵法

当某列车在低速段运行时，机车司机得知前行列车或前方站对本列形成波及强度较弱的信息，但本列对跟踪列车波及强度却很强时，该机车司机就应采用“中速段运行双优化操纵法”。即应适当提高手柄挡位，尽快接近中速水平，让出一、二个分区后，根据前行列车或前方站的波及情况决定回手柄的位置，这样可取得列车运行双优化的效果。一是保持了非理想条件下与前行列车的合适间隔，提高了效率，并且使本列在这种运行条件下，速度波动程度变小，根据牵引运行优化操纵第二论断，还使机车牵引力克服运行基本阻力功变小，取得节能效果；二是有效降低对跟踪列车的波及强度，使局部运行秩序得到进一步优化，有效消除了“连锁效应”现象。

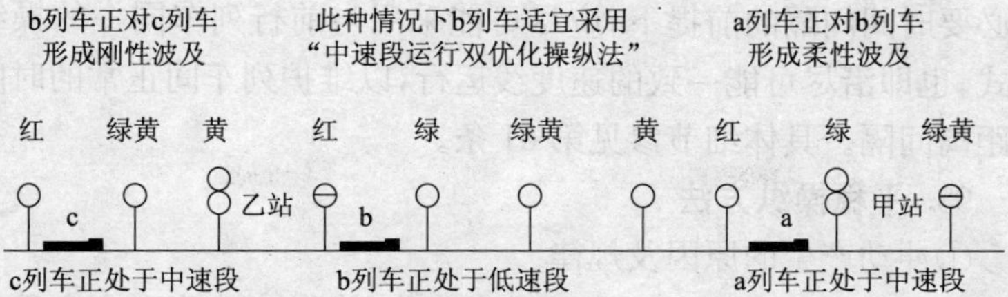

图 8　中速段运行双优化操纵法示意图

机车优化操纵，不仅是对本列的优化，在运输繁忙的自动闭塞区段，更重要的是对运行秩序的优化。理论应侧重这方面研究，实践应强化机车司机这方面的意识。但现实情况往往是，某列车在车站开车后，司机得知前行列车或前方站对本列形成一定波及，起车阶段慢慢腾腾，半天让不出一离去，导致跟踪列车停车，并产生“连锁效应”后，他才提高手柄位置，列车在较短时间内达到高速水平。因此，中速段运行双优化操纵法具有重要现实意义。

90. 通过慢行(减速)**地点的操纵方法**

施工慢行地点是制约通过能力的一个很重要因素，如何合理地操纵列车就显得尤为重要。以连续平道上施工限速为例，在接近慢行地点前的适当位置列车由牵引开放式速度转为惰行，还应有一段制动调速，通过慢行地点的速度不应低于限速 5 km/h，全列通过慢行地点后，采用快加速法尽快恢复至开放式速度水平，拉大与跟踪列车的距离间隔，降低波及强度，优化运行秩序，提高通过能力。

以重货列车通过处于连续平道上限速 45 km/h 的慢行地点为例，距慢行地点 5 500 m 应由牵引运行转为惰行，惰行指导速度间隔应控制在 80～65 km/h，制动调速应控制在 65～43 km/h 为宜。在不等信号的情况下，连续平道上的慢行地点应杜绝没有制动调速过程的操纵。因为那样会使通过能力降低，扰乱运行秩序。

91. 增加或减少列车间隔(时间或距离间隔)**的操纵方法**

参见第 55 条。

92. 平行操纵方法

平行操纵方法是指列车跟踪运行已稳定，跟踪列车司机在保持必要时间间隔的前提下，应尽可能采用与前行列车同一的操纵方式，也即沿尽可能一致的速度线运行，以维护列车间正常的时间和距离间隔。具体细节参见第 61 条。

93. 平稳操纵方法

①冲动产生的原因及规律

列车冲动分为伸张冲动和压缩冲动，伸张冲动达到一定程度易发生断钩。一般非常制动时易达到断钩的程度；当列车存在较多间隙时，尤其是前部为空车或轻车而后部是重车的情况下，列车在行进中，进行快速而猛烈的单独制动，会造成强烈的压缩冲动或严重的列车拱起。

起车或惰行转牵引提主手柄过快时会出现伸张冲动，其原因是车钩之间存在间隙，在提主手柄前总有部分车钩呈现压缩状态；前重后空编组的列车制动时易出现较强的伸张冲动，其原因是空重车之间单位制动力差别很大，以及制动缓解时间不同步等；前空后重的列车由牵引转惰行时易出现压缩冲动，其原因是空重车之间惰行单位基本阻力存在较大差别。

一般而言，列车编组辆数越多，制动时冲动会随之增加；减压量越大，冲动随之加强；货物列车制动调速时，一般从自阀手把移缓解位后 3～10 s 内伸张冲动达到峰值，这是制动调速冲动发生的重要规律。机车司机要深刻认识这一规律，在冲动到来前适当增加机车制动力，以提前抵消冲击力的蓄积到来。

车辆动力学理论证明，空气制动时车辆之间的压缩反应力大致与列车编组辆数的平方成正比。在 40 km/h 紧急制动时，编组 60 辆、80 辆最大车钩力分别是 40 辆的 2 倍、4 倍，所以重载列车运行中的纵向力远远大于普通列车。

列车的剧烈纵向冲动发生在制动、缓解、起动工况，低速紧急制动及低速缓解时尤为严重。

②平稳操纵方法

减轻列车冲动的操纵原则：一是尽量减少列车中各车辆间的纵向作用力差，二是注意减轻“车钩间隙效应”。

a. 机车司机要熟知产生冲动的原因及规律，操纵列车时使制动力、牵引力传递连续、均匀，避免突变。

b. 平坦线路货物列车起车前无需压缩车钩，起车时手柄进位不要过快(重货列车上坡道起车除外)，尤其是牵引旅客列车，要使用 1 位起车，全列起动后再加速，防止伸张冲动。

c. 当列车前部是空车或轻车而后部是重车的情况下，并且列车通过道岔、叉线、小曲线半径、或凸变坡点时，单独使用动力制动控速时，动作不要太快，每位间停留不少于 3 s(恒牵引力准恒速电力机车缓缓移动手柄)，使列车有 15～20 s 的时间调整间隙，并且尽量避免施行最强的动力制动。尤其是双机重联的情况(接重联线时)下，更应小心从事，以避免造成列车内极大的压缩力，而出现的列车拱起或脱线事故。

d. 主手柄回零前，在 1 位(或小牵引力、电流位置)放置时间稍长，抑制压缩冲动的形成(重车惰行时，车辆推机车前进)。

e. 适当少减压、早减压，尤其是前重后空的货物列车。

f. 货物列车制动调速(包括单独使用空气制动或动力制动与空气制动配合调速)，在自阀缓解前，机车制动缸压力或动力制动力可不必太强，但自阀缓解时应适当增加机车制动力。以牵引 60 辆货车为例，常用制动时，自阀移缓解位后约 20 s，列车最后一辆才缓解。因此，自自阀手把移缓解位后 15 s 内机车应保持较强制动力，如果制动力不足应及时增强(单独使用空气制动调速时 15 s 内机车制动缸压力应不低于 250 kPa，配合调速时 15 s 内制动电流不低于 200 A 或每台牵引电动机动力制动力不低于 15 kN)，15 s后可逐渐减弱，30 s 后可完全解除。牵引后部是空车前部是重车的货物列车时，在调速过程中机车制动力应适当增加，以防止冲动和断钩。

g. 普通货物列车空气制动缓解速度不应低于 15 km/h，重载列车(暂指牵引重量超过 5 000 t 的货物列车)缓解速度不能低于 30 km/h。

h. 尽量避免使用非常制动。

注：恒牵引力、准恒速电力机车的主手柄、制动手柄提回方法参见第 127 条。

94. 减轻机车晃动操纵方法

由于线路和机车转向架的特点，在某些易引起机车较强晃动的不良路段，要予以重视。

对易引起机车晃动的地点，机车晃动轻重有下列规律：同一速度不同工况时，牵引或制动时晃动较轻(并且随牵引力或制动力增大而减轻)，惰行时严重。即当机车车钩与车辆车钩间伸张力越大，晃动越轻。因此，牵引旅客列车制动时应单缓机车制动力，增加伸张力；不同速度，同一工况，速度高比速度低时晃动严重。

因此，对线路不良的地点要熟记，在接近前早转入惰行或低手柄位运行，以抑制速度。接近时，提起手柄。旅客列车惰行晃动严重时，也可使用常用制动，并单缓机车制动。

95. 空转、滑行的危害及操纵应注意的问题

(1)空转

牵引运行时，牵引切线力超过黏着限制力，机车动轮就会发生空转。

①危害：起车阶段或低速时的严重空转会啃伤钢轨，也会造成机车动轮和牵引电动机一定程度的损伤；空转会造成 LKJ 数据出现超前误差；空转未得到抑制达到一定时间(济南局目前 LKJ 这一参数设置为 30 s)，就会造成速度突升，而引发自停(HXD_3 机车除外)；SS_4 机车低速时的严重空转，可能还会造成非操纵节轮箍弛缓。

②措施：无论是起车还是牵引运行中，手柄级位要适当，进级不能过快，尤其是天气不良时；发生空转要适当回手柄，并适当撒砂；要注意超前误差，及时进行车位调整；SS_4 机车发生严重空转，前方站停车时，要加强机车动轮检查。

(2)滑行

制动缸压力过大或动力制动电流太强，使制动切线力超过黏着限制力时就会发生滑行。

①危害：滑行易造成擦伤动轮和钢轨；滑行会造成 LKJ 数据出现滞后误差，给冒进红灯信号留下隐患。

②措施：

无论是施行空气制动还是动力制动，制动力不宜过强，尤其是天气不良等情况黏着系数大幅下降时，应引起高度重视。

天气不良施行较强的制动后，要注意确认 LKJ 数据是否出现滞后误差，及时进行车位调整，尤其是在红灯信号停车前，严防冒进信号。

在制动缸压力一定的情况下，速度越低制动力越强。因此，接近停车前机车制动缸压力一般不应超过 350 kPa，尤其是单机走行和调车作业应改变越接近停车越采用单阀全制位的错误习惯，接近停车应适当减少制动缸压力，机车停稳后，再将单阀移至全制位，以避免擦伤动轮。

（三）站间大锯齿波微观优化操纵方法

96. 锯齿波操纵法

列车在平坦线路上运行，用较高手柄位牵引一段距离或时间，再惰行或用较低手柄位牵引一段距离或时间。如此交替进行，其速度线形状如同锯齿波，此种操纵方法为锯齿波操纵。

97. 站间大锯齿波操纵法

根据节能操纵第二论断，同一列车当严格遵守同一限制时间时，锯齿波操纵不如维持恒速节能。因此，在理想条件下牵引运行时，应适时调整手柄挡位，维持较为恒定的速度运行。但在运输繁忙的铁路干线，非理想条件也是经常存在的。由于机车司机往往不能够及时得到准确的列车运行限制信息，因而易造成不必要制动。在基本保证同一运行时间的前提下，如果机车司机根据情况采用站间大锯齿波操纵，就可使制动损失减少，运行秩序优化。

所谓站间大锯齿波操纵是指机车司机不清楚列车前方运行限制信息，但据经验前方站波及频率高，为减少可能造成的制动损失，又不至于造成晚点，而采用的前一运行过程手柄位比开放式高，后一过程比开放式手柄位低的一种微观操纵方法。

图 9 中，abcd 为开放式速度线，ebfcg 为站间大锯齿波操纵速度线，gh 为惰行速度线，hS_9 为制动停车速度线。根据经验司机

得知前方乙站波及频率很高，但又无法提前得知准确信息，因而当列车轧上甲站一接近得知甲站通过的准确信息后便提高手柄挡位以便在这一运行过程适当早点，为下一运行过程低挡位观察运行奠定基础。由图 9 可知，平坦线路采用站间大锯齿波操纵，波形明显且与手柄位高低相对应。但在起伏线路上，这种波形规律就不那么明显。因此，不能以速度线波形来判断此种操纵是否为站间大锯齿波操纵，而应以手柄位高低来判断。即前一运行过程手柄位只要比开放式手柄位高，后一过程手柄位比开放式低，这种操纵方法就为站间锯齿波操纵。

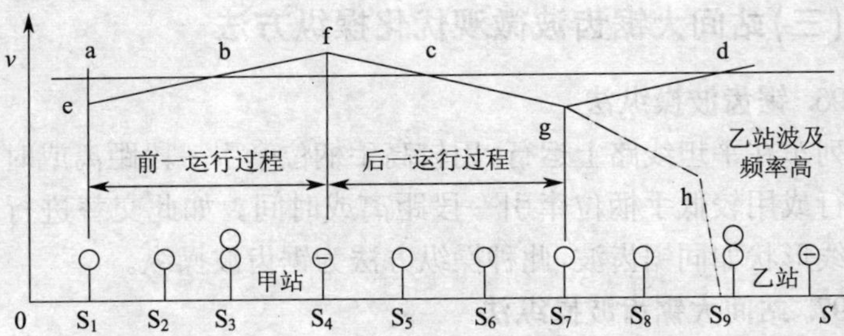

图 9　平坦线路站间大锯齿波微观优化操纵方法示意图

不仅从甲站通过时对乙站可采用站间大锯齿波操纵，而且从甲站开车对乙站也可采用此种操纵方法。

98. 站间锯齿波操纵与开放式、保守式操纵的异同

(1)它与开放式操纵的异同

①不同之处

a. 开放式操纵是宏观方法，而它是微观方法；

b. 开放式操纵速度波动程度小，而它的波动程度大；

c. 开放式操纵一般是以尽量减少机车牵引力克服运行基本阻力做功为目的，而它是以尽量减少前方站可能造成的不必要制动为目的。

②相同之处

两者站间运行时间基本相同。

(2)它与保守式操纵的异同

①不同之处

a. 保守式操纵是宏观方法，而它是微观方法；

b. 已得知前方站准确的波及信息是采用保守式操纵的前提条件，对前方站波及频率高的经验判断是采用站间锯齿波操纵的前提条件；

c. 保守式操纵站间运行时间长，而它的运行时间短。

②相同之处

两者在接近前方站时手柄挡位调控总趋势相似。即接近前方站前，手柄挡位有降低的趋势。

(四)减少因黏着牵引力不足造成运缓坡停的操纵方法

99. 按能量转换过程的限制关系，对机车牵引力的分类

运缓、坡停，尤其是坡停与机车牵引力，也即黏着限制牵引力密切相关。因此，对机车牵引特性，尤其是电力机车牵引特性必须清楚明白。

电力机车分牵引电动机牵引力(受牵引电动机功率限制的轮周牵引力)和黏着牵引力二类；

热力机车分原动机牵引力(内燃机车为受柴油机功率限制的轮周牵引力)、传动装置牵引力和黏着牵引力三类。

实际条件下，能够实现的最大机车牵引力，是上述这些牵引力中的最小者。

100. 持续电流、持续速度、持续牵引力

持续电流：持续电流是牵引电机在型式实验中以额定电压连续长时间工作时，电机绕组因能量损耗而产生的热量与其散热量平衡，绕组发热温度不超过最高允许温度的最大负荷电流。

持续速度：实现持续电流的速度，称为机车的持续速度。例如SS_4型机车为51.5 km/h、HXD_3为70 km/h、ND_5为22.2 km/h。

持续牵引力：持续速度下满级位的轮周牵引力称为机车的持

续牵引力。

101. 计算黏着系数

计算黏着系数包含了机车轴重和牵引力的分配不均、运行中轴重增减载、牵引力的波动、轮轨间的滑动等不利因素，并且主要与轮轨表面清洁状况和机车运行速度有关。黏着条件不好时可以用撒砂来改善，采用防空转装置可以提高黏着系数利用程度。

《牵规》规定的计算黏着系数公式如下：

国产各型电力机车　　$\mu_j = 0.24 + 12/(100 + 8v)$

国产各型电传动内燃机车　　$\mu_j = 0.248 + 5.9/(75 + 20v)$

ND_5 型内燃机车　　$\mu_j = 0.242 + 72/(800 + 11v)$

式中　v——运行速度，km/h。

表 8　几种机车不同运行速度下的计算黏着系数

速度(km/h)	0	10	20	30	40	50	60	70	80
国产各型电力机车	0.360	0.307	0.286	0.275	0.269	0.264	0.261	0.258	0.256
国产电传动内燃机车	0.327	0.269	0.260	0.257	0.255	0.253	0.253		
ND_5 型内燃机车	0.332	0.321	0.313	0.306	0.300	0.295	0.291		

从表 8 中可见，随着运行速度的提高，各种机车的计算黏着系数都有所下降。不同类型机车的区别，主要是因它们的走行部结构不同。

102. 黏着牵引力计算式

轮周上的切线力大于轮轨间的黏着力时动轮就要发生空转(图 10)。在不发生空转的前提条件下，所能实现的最大轮周牵引力称为黏着牵引力。其计算公式为：

$$F_\mu = P_\mu \cdot g \cdot \mu_j$$

式中　F_μ——计算黏着牵引力，kN；

P_μ——机车计算黏着重量，t；

μ_j——计算黏着系数；

g——重力加速度，$g \approx 9.81\ m/s^2$。

也即黏着牵引力的大小与机车计算黏着重量成正比，与计算黏着系数成正比。

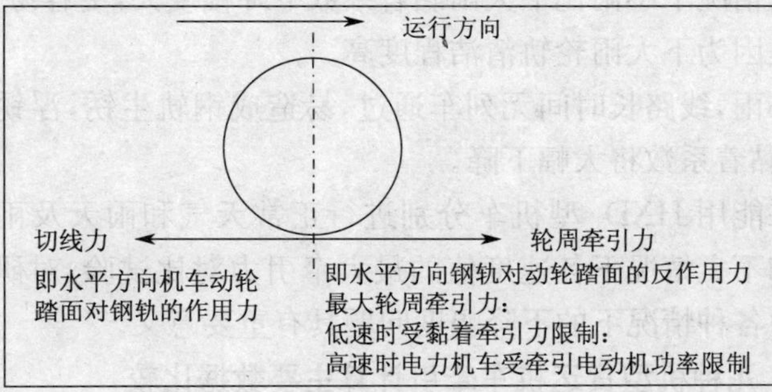

图 10　切线力轮周牵引力示意图

103. HXD_3 与 SS_4 机车黏着牵引力对比分析

以 SS_4 和 HXD_3 型电力机车进行比较，假如两者在相同天气条件、运行速度的情况下计算黏着系数完全相同，它们之间黏着牵引力之比近似等于黏着重量之比，即 184/138≈1.33/1，也即 SS_4 型机车的黏着牵引力比 HXD_3 型机车大 33%。

如果考虑 HXD_3 型机车黏着系数优于 SS_4 型机车（HXD_3 型机车有轴重转移补偿控制功能和发生空转时的单轴控制功能），在相同条件下，SS_4 型机车的黏着牵引力比 HXD_3 型机车约大 20%。

104. 遇雨雪霜露天气时黏着牵引力（黏着系数）下降幅度问题

表 8 为正常天气情况下的计算黏着系数，当遇雨雪霜露天气或钢轨有油污时，黏着系数将大幅下降。

根据济南西机务段 2008 年发生的运缓、坡停情况，经粗略计算遇雨雪霜露天气时黏着牵引力下降幅度为：

即使撒砂作用良好，黏着系数也将下降 15%以上，这就意味着黏着限制牵引力也将下降 15%以上；

撒砂作用不良时，黏着系数将下降 20%以上；

砂管堵塞或无砂时，黏着系数将下降30%以上；

钢轨有油污时，即使撒砂作用良好，黏着系数也将下降30%以上。

一般情况下小雨比下大雨黏着系数下降幅度大，更容易空转。这主要是因为下大雨轮轨清洁程度高。

下小雨，线路长时间无列车通过，易造成钢轨生锈，浮锈就像润滑剂，黏着系数将大幅下降。

如果能用 HXD_3 型机车分别进行正常天气和雨天及雨天撒砂良好和不良情况下各速度值的最大牵引力对比试验，对研究黏着牵引力各种情况下的下降幅度问题具有重要意义。

105. 几种机型货运机车牵引计算主要数据比较

如表 9 所示。

表 9 几种机型货运机车牵引计算主要数据

机型	机车计算重量(t)	持续速度(km/h)	机车标称功率(kW)	牵引定数(t)	定数比功率	定数比机车重量
SS_4	184	51.5	6 400	5 500	0.86 t/kW	29.9
HXD_3	138	70	7 200	5 500	0.76 t/kW	39.8
ND_5	135	22.2	2 550	4 000	1.54 t/kW	29.6

牵引定数比功率其数值越小说明机车单位标称功率对应的牵引重量数值越小，就电力机车而言当高速不受黏着条件限制时其加速性能越好。通常速度超过 55 km/h，HXD_3 机车与 SS_4 机车相比的这一优越性才能得到体现。

牵引定数比机车重量的数值越大，说明机车越容易受黏着牵引力限制，HXD_3 机车的这一数值高达 39.8，而 SS_4 机车为 29.9，SS_4 机车这一数值比较合理。这也正是天气不良，HXD_3 机车牵引重货列车易发生运缓、坡停的一个重要原因。

106. 几种机型货运机车外包线轮周牵引力对比

如表 10 所示。

表 10　正常情况下各型货运机车外包线轮周牵引力(kN)对比表

运行速度(km/h)		0	10	19.5	21.5	30	50	60	70	74	80
SS_4	黏着限制	650	554	518	513	497	477	471			
	电动机限制						满位	384	322	305	243
HXD_3	黏着限制	487	416	389	385	372	357	353	349	350	347
	电动机限制									350	324
ND_5	黏着限制	440	425	414							
	柴油机限制			满位	374	279	175	147	127	120	112
DF_{4C}	黏着限制	443	365	353	352						
	柴油机限制				满位	250	153	128	109	103	84

注:因没有 HXD_3 型计算黏着系数计算式,表中 HXD_3 机车的黏着限制牵引力是参照国产各型电力机车的黏着系数进行计算的。另外没有考虑 HXD_3 机车有轴重转移补偿控制和发生空转时的单轴控制功能,因此,HXD_3 机车的计算黏着限制牵引力要略高于表中所列数据。

表 10 中各型机车的黏着限制牵引力,是依据《牵规》规定的计算黏着系数公式进行计算的。因此应为计算黏着限制牵引力,该牵引力正常天气下可能比实际黏着限制牵引力略低。如 HXD_3 型机车,厂方提供的最大牵引力数据起动时为 520 kN,而计算黏着牵引力仅为 487 kN。

表 10 中的外包线轮周牵引力就是在正常情况下机车所能实现的最大牵引力。

从表 10 可以看出,在正常情况下 SS_4 型机车在 50 km/h 以下的最大牵引力受到黏着条件限制,50 km/h 以上的最大牵引力是受到牵引电动机功率的限制。

例如,60 km/h 时,SS_4 机车所能实现的最大牵引力为384.0 kN。在正常情况下 SS_4 型机车在 50 km/h 以下为发生空转区域。当天气不良等使黏着系数下降时,黏着限制牵引力将随之下降,空转的速度范围也随之扩大。

从表中还可以看出,由于 HXD_3 机车黏着重量小,功率强大,所以它的空转速度区域宽广。尽管它的功率大于 SS_4 机车,正常情况下在 55 km/h 以下，它的牵引能力却比 SS_4 型机车逊色；当天气不良时，比 SS_4 型机车逊色的速度范围还会扩大。

107. 列车起动及运行总阻力对比

表 11 平道、上坡道列车起动及运行总阻力对比表

速度	0	10	20	30	40	50	坡度	牵重
SS_4	214	59	64	71	79	89	0‰	5 500 t
	437	282	287	294	302	312	4‰	
	493	337	343	350	358	368	5‰	
	553	393	399	405	414	424	6‰	
	613	449	454	461	469	480	7‰	
HXD_3	212	58	63	69	77	87	0‰	5 500 t
	433	279	284	291	299	309	4‰	
	488	334	339	346	354	364	5‰	
	548	389	395	401	409	419	6‰	
	608	445	450	457	465	475	7‰	
ND_5	156	41	45	50	56	64	0‰	4 000 t
	318	204	208	213	219	226	4‰	
	359	244	248	253	259	267	5‰	
	402	285	289	294	300	307	6‰	
	446	325	329	334	340	348	7‰	

结合表 10、11 所列数据，以牵引 5 500 t 重货列车坡道起车为例，在正常情况下 SS_4 型机车的最大起动牵引力为 650 kN，牵引 5 500 t重货列车在 6‰上坡道的起动总阻力为 553 kN，可以顺利起动；HXD_3 型机车可起动在 4‰上坡道上的列车；如果发挥的好，SS_4、HXD_3 型机车分别可能起动 7‰、5‰上坡道上的列车。

当下雨时，即使撒砂良好，黏着系数按下降 20%计算，SS_4 机车的最大起动牵引力此时为 520 kN，起动在 5‰上坡道上的定轴列车就很困难。

108. 从牵引重货列车角度对上坡道区间的分类

缓和上坡道区间：最大坡度大部分在 4‰以下且距离较长的

为缓和上坡道，具有此类坡道的区间为缓和上坡道的区间。重货列车天气不良在这样的区间运行容易发生运缓，当等信号时就有可能坡停。如京沪线利国—柳泉、姚村—吴村—南驿。

困难坡道区间：坡度大部分超过 4‰且距离较长的为困难坡道，具有此类坡道的区间为困难坡道区间。重货列车天气不良时容易发生坡停。如京沪线崮山—张夏、青杨—界首、泰山—大河—界首，胶济线周村—王村、章丘—王村。

在困难坡道上有施工慢行时应减轴。上坡道距离较长的困难坡道区间，坡底站高速通过有利于初期坡道运行，初期运行为闯，后期为爬。

动能坡道区间：短而陡的坡道，坡底若列车获得足够的动能就比较容易通过该坡道；坡底开车或低速通过极易坡停。如京沪线张夏-炒米店间就有一段动能坡道。（注：与其他书中关于动能坡道的含义有区别）。

109. 防止坡停安全措施

(1)机务段要加强对机车乘务员防空转和在天气不良时列车动能闯坡及特殊情况过分相操纵技能的培训指导。

(2)机车出段前，必须达到运用状态，严禁带病上线；保证砂质良好、砂量充足、砂路畅通。

(3)运行中遇上坡道时，机车乘务员要充分预想，精心操纵，做好动能闯坡。

(4)遇天气不良、施工慢行、列车限速、双线反方向行车等特殊情况，需要列车临时减吨时，乘务员向机务段机车调度室汇报，机务段按规定程序申请。

(5)遇机车故障通过前方区段困难时，机车乘务员应及时申请站内停车。

(6)对于分相区设置在进站信号机前且处于困难坡道的车站，电力机车牵引货运列车需引导进站时，司机应精心操纵，加强联系，防止停在分相区。

(7)列车在连续上坡道区段牵引困难时，机车乘务员应及时通知后续跟踪列车掌握运行，防止后续跟踪列车坡停。

(8)机务段对发生的坡停及运缓情况必须件件分析，明确原因，吸取教训，落实责任。

110. 围歼运缓、坡停其他机务段的经验

(1)一般的坡停都是机车乘务员操纵的问题，在上坡前列车应该达到最大的速度，但不能超速。这就要考验机车乘务员对线路的熟悉程度了。机车乘务员要做到动能闯坡，然后再闯爬结合。在爬坡的过程中，机车乘务员要注意主手柄的位置，如果手柄位置过高，在爬坡过程中就容易造成空转，导致坡停。如果手柄位置过低，造成机车牵引力不足就更容易造成坡停。在爬坡的过程中，机车乘务员还要适当撒砂，根据实际的操纵情况选择点式或者线式撒砂，以防止机车空转。

(2)某机务段曾总结出“先预想，再联系，保持间隔，选位置”的牵引困难区段运行办法。

先预想，即运行到困难区段前，机车乘务员要做好预想，在坡底前尽量提高运行速度。进入上坡道合理掌握牵引力，适当点式撒砂，维持速度不空转。

再联系，即接近车站时，早联控早准备，掌握前方列车动态。

保持间隔，即越过绿灯后，如前方信号为绿黄灯，必须合理控制速度，保持与前行列车间隔，尽量避免红灯停车。

选位置，即必须停车时，根据线路纵断面合理选择停车位置，以小坡道、下坡道、下坡道转上坡道等方便起车地段为佳。

(3)某机务段总结出科学撒砂办法：点式撒砂法、线式撒砂法。机车乘务员在上坡道运行时发现轮对轻微空转可采用撒砂量比较小的点式撒砂法，既能防止坡停，又节约用砂，还不影响运行速度，真正做到“一举三得”

111. 防止和减小空转影响的措施

(1)撒砂方面

库内及继乘接车看好试好砂，学会点式线式撒砂技法，学会节约用砂(正常天气平道起车和运行中一般无需撒砂)，特别困难或特殊需要时采用线式撒砂。

天气不良，重货列车车站停车要再次看砂，重视先导轴撒砂。

用砂量多时，要及时将后面砂箱的砂补充到先导轴砂箱。

(2)运行不受影响时，重货列车在接近困难坡道前要不失时机地抢速，储足动能。

(3)等信号并且前方有困难坡道时，首先要提前保持好列车间隔，掌握好跟踪运行的技巧，以使重货列车以较高速度通过困难坡道，记清不应低于的速度值，尽量避免坡停。只要采取了这些措施，坡道上遇红灯该停就停，但停车要为起车做好充分准备。

(4)空转时，及时适度地回手柄(据其他机务段经验 HXD_3 型机车空转时可不降低手柄级位)并采取撒砂措施。要防止速度突升引起自停(济南局 LKJ 空转抑制参数设为 30 s，HXD_3 型机车不受此影响)，精心调控手柄位置，保持相对稳定，不要大起大落。使手柄位始终略低于空转的位置，提高黏着系数利用率。HXD_3、SS_4 型改操纵参见第 127 条(表 19 各速度间隔牵引力、动力制动力沿黏着限制线的指导级位)

(5)电力机车必须停车时，一般应越过分相区停车；若需停在分相区前，应留出加速距离。特殊情况应手动过分相，掌握晚断早合原则。参见第 126 条。

(6)抑制空转的土办法—上“小闸”：盘型制动的机车没必要使用，踏面制动的也不要轻易使用；上闸量不宜大，机车制动缸压力以不超 170 kPa 为宜；每次持续时间不超 1 min，每次使用之间要间隔足够时间，以防止轮箍弛缓。此种方法如果不见效，应停止使用。

(五)重货列车困难上坡道起停微观优化操纵方法

一般情况下，应通过保持合适的列车间隔，尽量避免重货列车在困难坡道上停车。

必须停车时，就要知道如何才能停的好，怎样才能起的动。

112. 困难上坡道停车的几个问题

(1)减压量大小的问题

减压量大小是困难上坡道停车一个重要问题,直接关系到车钩压缩是否充分,而车钩压缩是否充分又直接关系到起车能否成功。

理论和实践表明减压量宜小不宜大。在不超过 5‰的上坡道停车可减压 50 kPa。它的好处有三方面:一是停车过程能最大限度地使前部车钩压缩;二是若认为停车过程压钩不充分,可考虑采用带闸压钩(带闸压钩指车辆制动状态下用机车推力使部分车辆车钩压缩);三是若起动失败因用风量少,可保证再次制动。

(2)制动初速问题

停车过程中增加机车制动力,使机车单位制动力大于车辆单位制动力,是使车钩充分压缩并将一部分列车动能储存为车钩弹簧压缩弹性势能的关键。因此,要想利用单阀使车钩充分压缩,让列车自然停车后再制动的做法不妥,制动时须有一定初速。根据经验,初速一般不应低于 15 km/h。

(3)停车地点的选择

停车地点应尽可能避开大的坡道、曲线,以利于顺利起车。电力机车必须停车时一般应越过分相区停车;若需停在分相区前,应留出加速距离(最短加速距离参见第 126 条)。特殊情况应手动过分相,掌握早断晚合原则。

(4)单阀在停车过程中的使用问题

在停车过程中使用单阀增加机车制动力,其目的是充分压缩车钩。在使用单阀操纵技术上有两种方法:一种是先使用,即在使用自阀前,先使用单阀缓缓增加机车制动缸压力至 300 kPa 以上,再使用自阀少量减压;第二种是后使用单阀,即在自阀减压后再行使用。一般认为先使用比后使用更能使车钩充分压缩。

接近停车前要适量撒砂,其目的是一方面防止动轮擦伤,另一方面防止起车时空转。

113. 压缩车钩的目的

一是使起动阻力分散，二是起车时便于利用车钩弹簧被压缩后向列车运行方向释放的弹力。这就是理论计算无法起动的列车，而实际上能起动的原因。

114. 车辆带闸压钩

机车最大起动牵引力通常比机车紧急制动力大两倍以上。因此利用机车退行时的推力带闸压钩，将比停车过程中采用单阀压钩更为充分，但前提是自阀有效减压量不能过大。

机车司机应熟练掌握压钩退行距离与压缩辆数的关系。货车每压缩一辆车钩约退行 15 cm，但一般停留列车的车钩并非全部处于伸张状态，所以压缩车钩时的退行距离要根据实际情况掌握。以牵引 60 辆列车为例，带闸压钩时机车后退 3 m，一般即认为已压缩 1/2 以上的车辆车钩，根据计算，SS_4 机车牵引 5 500 t 当减压 50 kPa 并在 5‰上坡道带闸压钩时不会压溜。因此，此种方法既安全，又可靠。

若司机认为未停好车，或认为起车很困难时，为确保一次起车成功可采用车辆带闸压钩法，其步骤如下：

第一步：缓解机车制动（不得缓解车辆制动）；

第二步：换向手柄移后退位；

第三步：提较高手柄位压钩，后退约 2～3 m，单阀全制动，主手柄回零。

现场也有人采用在车辆带闸的情况下，关闭机后十数位折角塞门后，缓解前部车辆进行压钩。这种方法费时费力，也容易发生不安全因素。之所以有人采用这种方法，是因为他们对停车时的减压量考虑不周，甚至错认为减压量越大越好。在大减压量的情况下，带闸压钩就很难成功。

115. 重货列车困难上坡道顺利起车的必要条件

一是充分压缩车钩；二是最佳时机；三是充分发挥机车牵引力。

这三个条件缺一不可。

最佳时机是尾部车辆缓解与起动同步，这样便使各种起车要素得到最佳组合。起车时机过早，因后部车辆未缓解而导致起车失败。若要掌握最佳起车时机，机车司机应首先掌握一种重要参数，这就是常用制动自自阀手把移缓解位开始充风时起，至尾部车辆开始缓解时止所用的时间。牵引 60 辆货车，无论常用制动减压量大小，这个时间均约为 20 s(非常制动除外，这个时间约需 1 min 以上)。

列车缓解(制动缸压力下降到 40 kPa)一般只需 20～25 s 的时间。(参见文献[1])

从教程中看到，随着牵引辆数增加，列车缓解时间略有增加；还看到 103 型制动机比 GK 型缓解快。103 型制动机 56 辆约为 15 s，GK 型 59 辆约为 25 s。

116. 重货列车上坡道常规起车操纵方法

以牵引 60 辆重货列车为例，其操作步骤为：缓解自阀→缓解单阀→等待约 5 s→将主手柄提至较高位置。注意撒砂和电流，如有空转，适当回手柄。提主手柄时，无需间隔，紧随而行，这样可做到尾部车辆缓解与起动基本同步。

117. 重货列车上坡道特别起车操纵方法

对于机车牵引力上升快的机型适宜采用常规起车方法，而对于牵引力上升慢的机型，当坡度大、牵引重时，适宜采用特别起车方法。

当列车处于特别困难的地段，列车吨数高，机车牵引电流上升缓慢时，如果采用常规起动方法，常使牵引力上升的速率无法弥补起动阻力上升的速率，而造成起车失败。因此，为避免起车失败所带来的麻烦，司机可考虑采取下述特别起车方法：

在机车全制动和车辆制动的前提下，先将主手柄较迅速地置于较高位置，然后缓解自阀，待憋足牵引电流后，将单阀手柄逐渐左移，同时进行线式撒砂。尽管此时机车轮周牵引力很大，但此时挽钩牵引力等于轮周牵引力减去机车制动力、机车起动阻力和坡道下滑力之和，随着单阀手把由制动区向缓解位方向缓缓移动，挽钩牵引力是稳步增加的，这样做不仅不会造成冲动，而且能使列车稳步起动。

118. 制动机充风不足对列车制动力的影响(参见文献[1])

所谓充风不足，实际上就是副风缸压力低于列车管定压，但只要施行对应于副风缸实际压力的有效减压量，仍可获得相当大的制动力，并不存在"制动失效"的问题。比如，副风缸压力充到400 kPa，其有效减压量还有 115 kPa，其名义减压量要达到215 kPa，制动缸压力还有 285 kPa，实算闸瓦压力可以达到充满风时的 78.9%，即使副风缸压力只有 360 kPa(相当于减压140 kPa未充风)，缓解后再施行最大有效减压量 106 kPa(名义减压量要达到 246 kPa)，制动缸压力还有 254 kPa，仍可获得充满风时 70.4%的实算闸瓦压力。

所谓"制动失效"的几种情况：没有进行有效的减压；制动缸活塞行程过度超长；制动机故障；折角塞门关闭。

对编组 65 辆货车的连续制动试验数据：

所谓连续制动试验，是指上次制动刚刚缓解(以尾部车辆缓解完为标志)接着立即进行下次制动。这是两次制动之间充风不足的一种极限情况。

试验时在机后 3 位和守前 1 位货车上安装了制动缸压力表，记录制动缸压力。试验了三种连续制动情况，有关数据见表 12。

表 12　65 辆货车的连续制动试验实测制动缸压力(kPa)

		连续两次减压 100 kPa		连续三次减压 140 kPa			依次减压 100 kPa—140 kPa—240 kPa—紧急制动			
		1	2	1	2	3	1	2	3	4
制动缸压力	机后 3 位	280	280	360	260	120	260	320	280	280
	守前 1 位	240	0	350	100	0	240	240	250	210

119. 起车失败后再制动时的合理减压量问题

列车在上坡道起车失败，若仍想尝试重新起车，减压量应以保证列车不发生溜逸为前提，并能容易实现带闸压钩。

因此，在上坡道减压 50 kPa 停车后，如果起车失败需要制动，结合第 117 条，再保证 3 次以下制动应该不成问题。再保证 2 次制动时的参考减压量分别为：90 kPa、130 kPa。如果因制动次数过多，造成车辆副风缸定压过低，无法进行有效减压保证足够制动力时，应尽快充风，以便尽快进行有效减压，保证列车就地制动。

120. 是否重新起动列车和起车限定次数问题

若机车司机认为上次起车压钩充分，时机得当，机车牵引力发挥也很好。在此种情况下，仍不能使列车起动时，不要再浪费时间。这说明，坡度太大或列车太重，已超出机车能力所及。此时根据情况应尽快请求救援，或汇报车站、列车调度员，根据其指示办理。

起车应以三次为限，要杜绝野蛮起车，防止对动轮、钢轨造成损伤。

(六)防止或处理折角塞门关闭的微观优化操纵方法

121. 停车状态下及起车时防止折角塞门关闭的方法

(1)折角塞门关闭的发生原因

a. 始发列车列检或车站人员未接或未全部接通风管，未要求司机试验制动机，司机也未主动试验；b. 行人有意或无意关闭；c. 人为破坏；d. 其他情况。

从折角塞门的结构特点来看，如果没有一定方向的作用力施加于此，它是不会自动发生关闭的。从这点看，可能都是人为的。

列检或车站人员未全部接通风管所发生的关塞门现象是发生在车站；列车在车站停车时人员扒乘(主要是在大编组站)，行人过往好奇，也是发生在车站(或其他情况下停车时)，人为破坏大部分也是发生在车站和其他情况下的停车时。

因此，列车(主要是指货物列车)在停车状态下发生关闭折角塞门的概率要远大于运行中。

(2)折角塞门关闭位置的危险程度

同一列车折角塞门关闭的位置越是靠近机车,其危险性也就越大;牵引重量越大,危险性越大;运行速度越高,危险性越大;下坡道越长大,危险也越大。

当无运转车长时,司机按规定自行测试列车管贯通情况所依据的是排风时间,其长短与“标准排风时间”总存在一定误差,如误差不超 20%,基本应认为全列贯通。当关闭位置靠后,如牵引 60 辆车,仅关闭 10 辆以下时,用排风时间来判定贯通情况比较困难,但关闭位置靠后,危险性小,保证制动一般不成问题。

(3)列车在停车状态下折角塞门关闭时机分类

以列车在停车状态下折角塞门关闭发生时机的不同作为划分标准,可将关塞门分为三种情况。

①试闸前的关闭

此种关闭多属原因 a、b。由于发生关闭,列车管不贯通,只要列检人员等能认真组织试闸,完全能及时发现。

②保压停车中的关闭

多为原因 b、c。当开车时,由于折角塞门关闭位置以后的车辆仍然保持制动状态(短时间内不会自然缓解),导致起车困难,而易被发现。

③缓解后的关闭

此种情况多属原因 b、c。这种情况最危险,因为此时全列车呈缓解状态,列车能够顺利起动。又因大部分列车,列车管泄漏较小,一般被关闭的车辆不会发生自然制动作用。所以,大部分关闭需待运行中制动调速或制动停车时才被发现;其危险性显而易见。

(4)防止折角塞门关闭问题的侧重点

货物列车在运行途中发现的折角塞门关闭,绝大多数属于停车状态下“缓解后的关闭”所造成。

防止折角塞门关闭问题的侧重点应针对停车状态下的“缓解后的关闭”这一情况。并应在完善有关制度、措施上下功夫。只有这样,才能做到把运行中制动时才发现，变为未开车就发现或起动时就发现。

（5）防止停车状态下“缓解后的关闭”的对策

①缓解-开车时间越长，发生关塞门开车的可能性就越大

缓解-开车时间（简称“缓开时间”）是指从自阀手把移缓解位向列车管开始充风时起至提主手柄开车时止所用的时间。显然，此时间越大，关闭折角塞门开车的可能性就随之增大。

因此，防止折角塞门关闭开车一个至关重要的环节，就是应设法降低“缓开时间”。机车司机要杜绝长时间缓解等信号开车情况的发生。

②最小“缓开时间”问题

现行的制动机试验（主要指由列检、车站或运转车长组织的情况），无论是全部还是简略试验制度，最后一个步骤为缓解，即要求司机将自阀手把移缓解位，全列车呈缓解状态，试闸完毕，等待开车。但现实情况是，试闸完毕往往不能立即开车（主要指始发站、区段站）。又由于许多司机意识不到列车在长时间充风缓解状态下开车的严重危害，反倒认为，只要试闸正常就没问题。

列车起动应满足的条件：

a. 列车管全列贯通；b. 列车管泄漏不超规定；c. 列车最后一辆已缓解。

最小“缓开时间”的界定：

当得知列车起动已满足前两个条件后，最小“缓开时间”的界定是根据条件三得出的。即只要列车最后一辆开始缓解，列车就可以起动。简略试验或常用制动后，“5 000 t 编组中所有车辆开始缓解的时间不会晚于 15 s。一般情况下，20～25 s 内列车全部缓解”（参见文献[1]）（货物列车起非常或使用非常制动停车后，自阀自移缓解位开始充风，至尾部车辆开始缓解，要超过 1 min，但此种情况再开车必须充满风进行简略试验，严禁不进行简略试验盲目强迫起车）。其最小“缓开时间”可定为 25 s。据此，可制定出司机开车前缓解列车制动机的时机标准。若将“缓开时间”限定为 25～50 s 内，再借助列车运行监控记录装置进行违章分析，将能最

大限度地减少关闭折角塞门开车的可能性。

若限定此种时机开车，它的优越性还体现在：因为这是在充风过程中开的车，凭借充风音响是否正常，司机也可进一步确认机后折角塞门开通情况。另外，如果此时有人关塞门，当靠近机车时，由充风声音异常，也容易使司机提前察觉。

(6)防止折角塞门关闭开车优化程序

①简略试验必须做到只有充满风，才能减压，并且尽力做到准确。认真核对排风时间并与标准排风时间进行比较，始发站要将此排风时间写在司机手册上，以作途中自行试闸之参考。

②试闸完毕，如不能立即开车，待列车管充满风后，司机自行进行简略试验，并认真核对与司机手册上记录的时间是否一致。如正常，则一直保持保压制动状态，严禁提前缓解。

③待发车条件完备后，再行缓解。

自阀手把移缓解位的时机必须选择在发车信号给过之后。只有这样，才能有效杜绝提前缓解所带来的危害。并严格做到把“缓开时间”控制在 25～50 s 内，在起动的同时，注意充风音响。

当列车在车站停车等于或超过 20 min 时，按规章要求，重新进行制动机简略试验。

关于列车在运行中发生的关闭现象其概率很小，如偶尔发生也可能属于原因 c，即人为破坏。对此可采取以下措施予以防范：在条件许可的情况下，尽量提前试闸，以便早发现、早处理；利用列车管泄漏变化、打风周期的异常变化等间接进行判断。

122. “充满风再动车”的说法是不正确的

文献[1]指出：

这一提法最初出现在防止列车断钩措施中。当时作这样规定的初衷可能是担心列车制动未完全缓解就“动车”会拉断车钩。但是，从这点出发，正确提法应当是“待列车完全缓解再动车”，说成“充满风再动车”，实际是在认识上混淆了“充风”与“缓解”的概念。

空气自动制动机的缓解与充风有密切联系，缓解的开始也是充风的开始，但“缓解完了”与“充满风”在时间上相差甚远。以货物列车为例，列车缓解一般只需要 20～25 s 的时间，而充满风的时间要比缓解完了的时间长的多(参见表 14)。

列车在运行中空气制动调速缓解后，都是边运行边充风，速度高了风也满了，再次制动并不受影响。

既然运行中的列车边运行边充风是正常现象，并不认为有危险，试风完了待发的列车，只要缓解完了，就更没有必要等"充满风再动车"。

在大上坡道停车的列车起动时，更不能等"充满风再动车"。

有的机务段因为担心缓解不彻底出站后发生坡停事故，规定出站是上坡道的车站缓解后必须充风 3 min 才能开车。其原因还是把充风时间和缓解时间混为一谈，认为只有充满风才能彻底缓解。如果真有超过 30 s 不缓解的车辆，那是因为该车制动机故障，再等多少分钟也不一定缓解。规定关键站起车前必须充风3 min是没有道理的，这样做，不但无助于减少坡停，还有一些副作用，比如对防止折角塞门关闭不利，不能及时发车影响运输效率等。

现在的规章已经不再有"充满风再动车"的提法。这一点对行车职工进行技术教育时应给以澄清，消除过去那种不正确提法的消极影响。

需要提醒的是：

列车进行简略试验前必须充满风，否则无法准确测定排风时间，不利于判断列车管是否贯通。

列车起非常停车，或采用非常制动停车再开车前，必须充满风，必须认真进行简略试验正常后才能开车。

站内停车二拉等情况，应充满风再动车，以防止制动力不足发生冒进信号。

123. 运行途中防止折角塞门关闭的方法

(1)贯通试验与列车制动力试验

①贯通试验

贯通试验是指机车司机使用自阀给列车管一定减压量，通过确认排风音响及排风时间是否正常来判定列车管是否贯通，即有无折角塞门被关闭的情况。只要排风音响及排风时间正常，不必等列车明显降速就可缓解列车制动。它是一种既能判明列车管贯通情况，又能尽量减少制动损失和优化运行秩序的微观优化操纵方法。

表13、14分别列出了货物列车排风、充风时间参考表（充风时间数据取自参考文献[1]），尤其是排风时间对于判断列车管贯通非常重要，机车司机必须熟练掌握。

在正常情况下JZ-7和DK-1型制动机的列车管排风时间 t_p 与减压量 r(kPa)和列车管贯通的辆数 n 有如下关系：

$$t_p=(0.24+0.006r)n \quad (s)$$

根据上式计算货物列车排风时间并列于表13。

表13　货物列车排风时间参考表(s)

减压量(kPa)	辆数 30	40	50	60	70	80	平均每辆车排风秒数
50	16.2	21.6	27.0	32.4	37.8	43.2	0.54
60	18.0	24.0	30.0	36.0	42.0	48.0	0.60
70	19.8	26.4	33.0	39.6	46.2	52.8	0.66
80	21.6	28.8	36.0	43.2	50.4	57.6	0.72
100	25.2	33.6	42.0	50.4	58.8	67.2	0.84
140	32.4	43.2	54.0	64.8	75.6	86.4	1.08

表14　货物列车充风时间参考表(s)

列车管压(kPa)	减压量(kPa)	辆数 20	30	40	50	60	70	80
500	60	22	29	38	52	70	84	98
	100	24	55	72	93	120	145	172
	120	48	65	88	116	147	180	212
	140	60	82	110	140	174	212	252

②列车制动力试验

列车制动力试验是指机车司机使用自阀给列车管一定减压

量，通过排风音响及排风时间判定列车管贯通与否，结合排风时间并通过列车降速情况来判定列车制动力正常与否的一种微观方法。目前机务段要求的“贯通试验”其实是“列车制动力试验”。

同一货运列车在一次乘务过程中，如果没有进行任何摘挂作业，已进行过空气制动调速、停车或在规定地点进行过列车制动力试验并且正常时，在之后的其他规定地点可只进行“贯通试验”。

(2)途中防止折角塞门关闭的方法

a. 有条件时，应尽量提前进行贯通或列车制动力试验。

b. 列车制动力试验可结合正常制动调速进行。

c. 首次制动调速或停车，司机必须采取保守措施，即早减压，少减压。若果真发现制动力不足时，还可以用追加减压的方式进行补救，就可万无一失。

d. 对于重货列车，具有动力制动功能的机车，制动调速时应尽量动力制动和空气制动配合使用，以便能经常测试列车管贯通情况，及时发现列车运行过程中的折角塞门关闭现象。

e. 利用列车管泄漏变化，打风周期异常变化等间接进行判断。

f. 装有列尾装置的列车运行中，应按规定使用列尾装置对列车制动管的风压变化情况进行检查，发现异常及时采取措施。

124. 发现折角塞门关闭后的处理

(1)紧急呼叫问题

机车司机如确知短时或短距离内不能停车，在立即采取制动措施的同时，根据实际情况，紧急呼叫运转车长、车站值班员或前行列车。有关人员得知某列车折角塞门关闭的情况后，应引起高度重视并立即采取相应的安全措施。如本列运转车长拉下车长阀，前方站准备好进路，前行列车快跑等。

(2)是采用非常制动还是采用最大有效减压量

高速运行的重货列车，当折角塞门关闭非常靠近机车仅有少数车辆发生制动作用时，如操纵不当，极易造成机车轮箍弛缓，造成事态进一步扩大。

对于未装有动力制动的机车，当发现关塞门现象时，应立即采用非常制动；而对于装有动力制动的机车发现时应立即采用最大有效减压量。尤其是对具有动力制动功能并且与非常制动有联锁关系的机车，自阀手把切忌移非常位，否则会使动力制动失效。在空气制动调速中若发现折角塞门关闭，不要惊慌，应迅速采取以下措施：

①将自阀手把迅速移制动区极端给列车管一个最大有效减压量，切忌移至非常位。否则，动力制动将失效。如果已移非常位，应设法恢复动力制动使用。

②迅速使用动力制动，并保持最大制动力。

③接近停车前，移动单阀手把增加制动缸压力来弥补动力制动力的迅速下降（一般应从列车速度下降至 10 km/h 时开始），停车后注意及时将动力制动手柄回零。

(3)有列尾装置的列车，立即使用列尾装置停车。

(4)如已自停，应关闭监控装置，恢复动力制动。

(七)HXD_3、SS_4 改型机车几种操纵方法

125. 货物列车站内一次停妥特殊操纵法

(1)为提高效率，在确保安全平稳的前提下，货物列车进站停车时应尽量做到一次停妥。

(2)距出站信号机 100 m 以上列车尾部能全部进来的货物列车应采用较高速度使用空气制动一次停妥一般操纵法。

(3)距出站信号机 100～50 m 能进来的货物列车应采用一次停妥特殊操纵法。其要点为，站内先使用动力制动将列车速度控到较低后，再采用空气制动停车。空气制动减压量以不超 70 kPa 为宜，此种情况可出现排风不止停车，应视为正常。

(4)司机对牵引列车总长度和各中间站停车股道的有效长应做到心中有数，以便及时决定是否采用一次停妥特殊操纵法。

(5)站内无明显下坡道的停车站可采用一次停妥特殊操纵法。

(6)使用动力制动时，防止因制动电流过大产生滑行导致监控数据出现滞后误差，危及安全；在阴雨、雾天及钢轨有油时不要采

用一次停妥特殊操纵法。

(7)无论采用一次停妥特殊还是一般操纵法,停车后要注意确认列车是否整列到达。

(8)一次停妥特殊操纵法举例:

HXD_3 型牵引 5 500 t 货物列车、换长 84.0、平道、天气良好、动力制动正常、道岔限速 45 km/h、线路有效长 1 050 m;

站外合理调速,掌握 35 km/h 速度进站,33 km/h 距出站信号机 850 m 上动力制动,并随着速度下降缓缓移动手柄位置,距出站信号 210 m、12 km/h 解除电制,距出站信号 120 m、11 km/h 减压 50 kPa 距出站信号机约 65 m 停车。

列车总长:11×84.0+21=945(m);尾部空闲:1 050-65-945=40(m)。

一次停妥比二拉节省时间 2～3 min。

126. 特殊情况下的手动过分相操纵方法

(1)慢行、等信号、机车故障、天气不良重货列车坡道运行等情况,造成电力机车牵引的列车速度过低过分相区时应手动过分相。手动过分相应掌握晚断早合原则,即尽量到断电标断电、断主断,到合电标立即合主断、加载。

(2)电力机车必须停车时,一般应越过分相区停车;若需停在分相区前,应留出加速距离;已越过足够加速距离时,对于停在分相区内可进行倒闸向中性区送电的线路(如京沪线),应尽量惰力运行向前闯,接近停车前再制动停车,以尽量减少堵塞区间时间。

(3)关于停在分相区前的距离,未见规章有这方面明确规定,可参照济南铁路局机务处《机务非正常情况下行车应急处理预案》机安函[2007]76 号第二十六条:"电力机车在区间被迫停车请求救援时,尽可能避免停在无电区,应停在分相断电标前不少于 800 m处或过分相后停车。

(4)从断电标到合电标的距离《铁路技术管理规程》第 376 条规定为 90 m,其中分相绝缘器长为 30 m,断合电标在分相绝缘器的两端各 30 m。但现场许多分相区从断电标到合电标的距离约 270 m,这需要引起注意。

(5)《机车操作规程》第二十一条:"货物列车若通过分相绝缘器前,列车速度低于 20 km/h 时,允许快速退回牵引手柄或低负荷断开主断路器。

(6)为便于机车司机掌握各种列车各种坡度特殊情况下的最低过分相速度,利用铁道部科学研究院的《牵引电算》V2.5 版软件,对 HXD_3 机车牵引全列重车、全列空车、旅客列车、单机运行进行了模拟。有关情况为:

为留有余地从断电标到合电标的距离分别按 100 m、300 m 两种情况进行计算,断电标至合电标为惰行,对应于每种列车、4 种坡道,列车至合电标速度分 15、10、0 km/h 三种情况,模拟断电标列车对应速度,相应的最短加速距离分别按一定比值增加,分别将有关数据列于表 15、表 16、表 17、表 18 中,表中断电标速度 1、加速距离 1 对应断电标到合电标的距离为 300 m 的情况;表中断电标速度 2、加速距离 2 对应断电标到合电标的距离为 100 m 的情况。

表 15 HXD_3 牵引整列重车特殊情况过分相最低速度及最短加速距离参考表

坡度(‰)	平道			2‰上坡道			4‰上坡道			6‰上坡道		
断标速 1	17.5	13.5	9	21.5	18	15	24.5	22	19	28	25	23
断标速 2	16	11.5	5.5	18	14	10	19	16	12	21	17	14
合标速度	15	10	0	15	10	0	15	10	0	15	10	0
加距 1(m)	229	151	83	487	363	271	857	713	552	1 668	1 285	1 116
加距 2(m)	194	108	36	341	215	121	487	358	208	790	506	348
加距增幅	10%	20%	50%	5%	10%	20%	5%	10%	20%	5%	10%	20%
备注	1. 编组情况:为简化编组,牵重 5 500 t、63 辆,列车总长 938 m。 2. 平道、2‰上坡道分相前停车加速距离按 5 级,4‰按 6 级进行模拟。 3. 受 HXD_3 黏着牵引力限制,6‰上坡道分相前停车加速距离是按 SS_{4G} 7 级进行模拟的											

表 16　HXD3 牵引整列空车特殊情况过分相最低速度及最短加速距离参考表

坡度(‰)	平道			2‰上坡道			4‰上坡道			6‰上坡道		
断标速 1	20.5	17	13.5	24	21	18	27	24	22	30	27.5	25
断标速 2	17	13	8	19	15	11	20	17	13	21	18	15
合标速度	15	10	0	15	10	0	15	10	0	15	10	0
加距 1(m)	105	75	54	134	110	90	189	157	148	231	210	204
加距 2(m)	72	50	30	94	67	45	127	89	60	158	125	92
加距增幅	10%	20%	50%	5%	10%	20%	5%	10%	20%	5%	10%	20%
备注	为详细编组，牵重 1 409 t、65 辆(其中 C_{62}-20 辆、P_{62}-10 辆、G_{60}-5 辆、C_{62A}-10 辆、N_{60}-5 辆、C_{61}-15 辆)，列车总长 896 m											

表 17　HXD3 机车牵引 17 辆客车特殊情况过分相最低速度及最短加速距离参考表

坡度(‰)	平道			2‰上坡道			4‰上坡道			6‰上坡道		
断标速 1	19.5	15.5	12	23	20	17	26	23.5	21	28.5	26	24.5
断标速 2	17	13	7.5	18	14	10.5	20	16	12.5	21	18	14.5
合标速度	15	10	0	15	10	0	15	10	0	15	10	0
加距 1(m)	82	60	41	117	97	75	165	142	132	205	194	185
加距 2(m)	65	41	27	76	47	42	104	66	48	125	100	69
加距增幅	10%	20%	50%	5%	10%	20%	5%	10%	20%	5%	10%	20%
备注	1. 为详细编组，牵重 927 t、17 辆、列车总长 472 m。 2. 分相前停车加速距离按 3 级进行模拟											

表 18　HXD3 单机特殊情况过分相最低速度及最短加速距离参考表

坡度(‰)	平道			2‰上坡道			4‰上坡道			6‰上坡道		
断标速 1	21	17.5	14	24	21	18.5	27	25	22	30	28	25.5
断标速 2	17.5	13	9	19	15	11.5	20	17	13.5	22	18	15.5
合标速度	15	10	0	15	10	0	15	10	0	15	10	0
加距 1(m)	35			40			45			50		
加距 2(m)	26			30			32			35		
加距增幅	100%			70%			50%			30%		
备注	分相前停车加速距离根据断电标处速度按 2 级或 3 级模拟											

127. 恒牵引力、准恒速电力机车的主手柄、制动手柄提回方法

(1)提手柄:指增加牵引力或制动力;回手柄:指减少牵引力或制动力。

(2)途中牵引、制动力调整:在牵引、制动力(或电流)显著变化的区域需增加或减少牵引、制动力时,应缓缓提或回手柄至所需位置,牵引、制动力或电流变化量每 3 s 应不超 15 kN 或150 A(指一台牵引电动机,以下同);分次移动时,每次移动不超 0.2 级。

(3)在无牵引、制动力(或电流)或不发生显著变化的区域可迅速提回手柄。

(4)客车开车:HXD_3 型 1 级、SS_4 改型不超 2 级,起动 3 s 后再缓缓提手柄至所需位置。

货车开车:先提 1～2 级,伸开钩后再较快移至 3～4 级,需继续增大牵引力时,应缓缓提手柄至所需位置。

牵引转惰行时,缓缓回手柄至牵引力不大于 10 kN 或 150 A 的电流位置处,3 s 后再将手柄回 0 位。

惰行转牵引时,可将手柄较快提至对应运行速度约 1/10 级位处(HXD_3 机车略高、SS_4 改机车略低),产生不大于 10 kN 或 150 A的电流,3 s 后再缓缓提主手柄至所需位置。

(5)上动力制动时:根据列车运行速度,将动力制动手柄较快移至略低于运行速度的 1/10 加一级位(如 60 km/h 时,为略低于 7 级如 6.8 级),先产生不大于 10 kN 或 150 A 的电流,使车辆缓缓形成压缩状态,3 s 后再缓缓移动手柄增加制动力。

解除动力制动时:将制动手柄缓缓回至制动力不大于 10 kN 或 150 A 的位置,3 s 后再将手柄回 0 位。

(6)为充分发挥牵引、制动力,各速度间隔牵引力、动力制动力沿黏着限制线的指导级位参见表 19。不良天气,当机车撒砂不良时,在某些速度范围黏着牵引、制动力还会下降,在困难区段牵引时,司机应通过及时调整手柄级位,提高黏着系数利用率。

图 11—14 中正常情况计算黏着限制牵引力比实际黏着限制牵引力略低,有关说明参见第 106 条。

(7)紧急情况,回手柄可执行有关规定。

表 19　各速度间隔牵引力、动力制动力沿黏着限制线的指导级位

机型	工况	黏着情况	0～10	10～20	20～30	30～40	其他情况
HXD_3	牵引	正常	5.8	5.2	5	4.9	40～70 km/h，手柄级位约比运行速度的10%级位高 0.8 级；70 km/h 以上时不受黏着限制
		天气不良	5	4.7	4.6	4.5	40～85 km/h，手柄级位约比运行速度的10%级位高 0.6 级；85 km/h 以上时不受黏着限制
SS_4 改		正常	7	6.6	6.3	6.1	40 km/h 以上时不受黏着限制
		天气不良	6.2	5.7	5.5	5.4＊	＊：为 30～45；45～60 km/h，手柄级位约比运行速度的 1/10 级位高 0.7 级；60 km/h以上时不受黏着限制
HXD_3	动力制动	正常	基本不受黏着限制				
		天气不良	15～50、50～90 km/h，手柄级位分别约等于运行速度的 10%级位和高 0.1 级；其他速度范围不受黏着限制				
SS_4 改		正常	不受黏着限制				
		天气不良	在 20～30 km/h，手柄级位约比运行速度的 10%级位低 0.1 级；30～50 km/h，手柄级位等于运行速度的 1/10 级位，其他速度范围不受黏着限制				
天气不良：下雨、撒砂作用良好，黏着系数（也即黏着牵引力）按下降 20%计算，参见图 11～图 14							

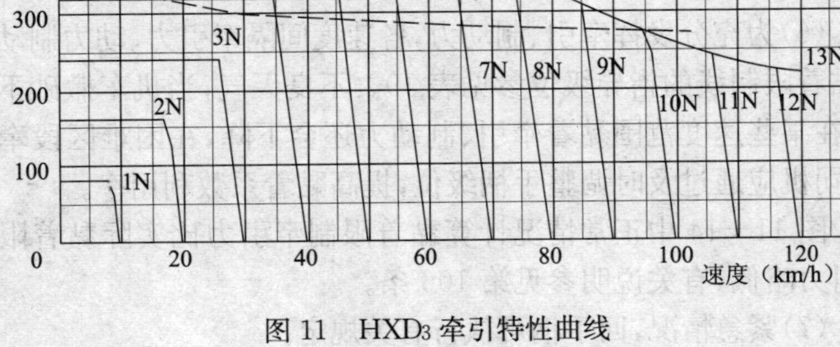

图 11　HXD_3 牵引特性曲线

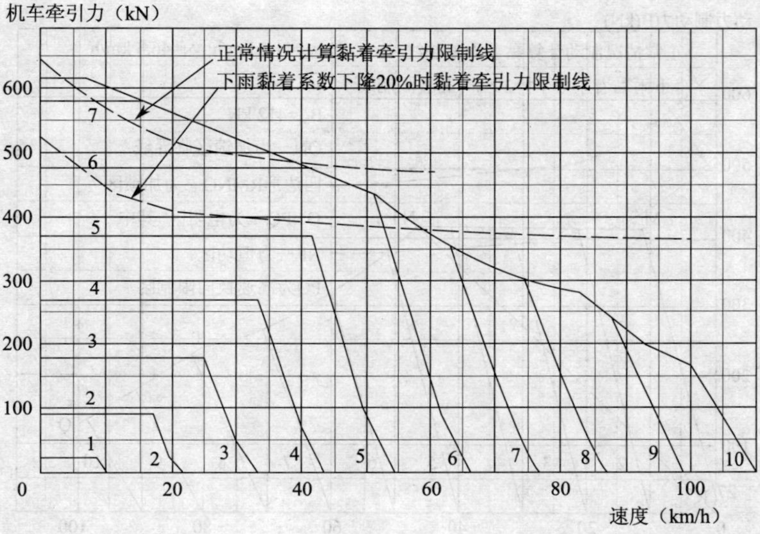

图 12　SS_4 改牵引特性曲线

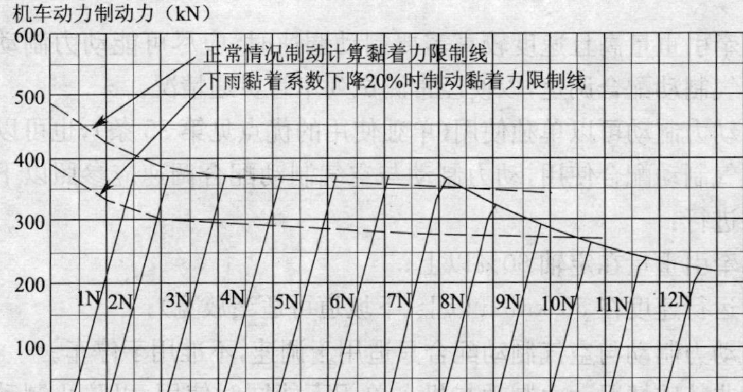

图 13　HXD_3 动力制动(再生制动)特性曲线

128. HXD_3、SS_4 型电力机车动力制动及动力制动与空气制动配合使用方法

(1)动力制动与空气制动配合调速条件

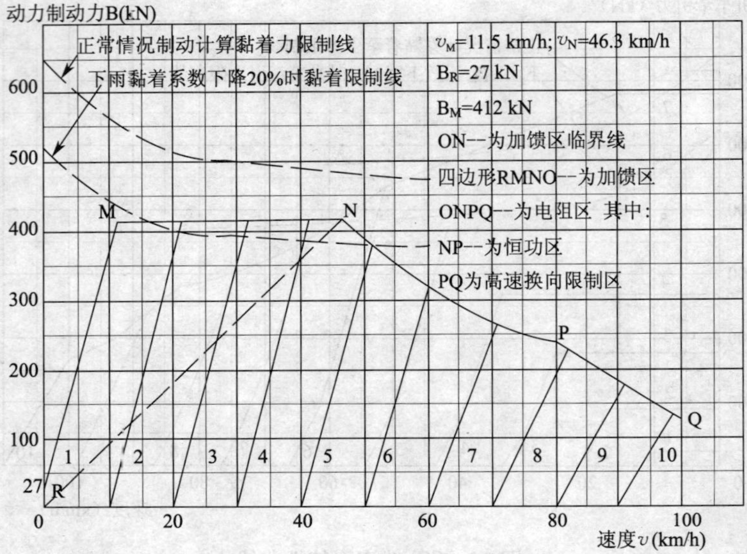

图 14 SS_4 改动力制动(加馈电阻制动)特性曲线

牵引重量高且速度较高需要制动调速时,应尽可能动力制动与空气制动配合调速,以便经常测试列车管贯通情况。

动力制动可以单独使用(单独使用的优点见第 35 条),也可以与空气制动配合使用,动力制动与空气制动配合调速应参照以下条件进行:

牵引重量在定轴 60%以上;

运行速度在 55 km/h 以上(下坡道可适当放宽);

动力制动与空气制动配合只适用于调速,不准用于停车。

非特殊情况动力制动与机车单阀不能同时使用,以防止制动力超过黏着力造成滑行擦伤动轮。

无论是单独使用动力制动还是与空气制动配合使用,一般情况动力制动力或电流不应超过最大值的 90%。

下列情况应采用动力制动与空气制动配合调速:

重货列车在较长大下坡道运行,单独使用动力制动调速无法使运行速度得到有效控制时,或需要过早控制而使运行时间延长时；

重货列车高速运行受刚性波及需尽快大幅减速时；

重货列车理想条件下运行，在平坦及下坡道线路通过限速较低的慢行地点前或进站停车需站外调速时。

(2)动力制动与空气制动配合调速的方法与要求

空重混编列车，尤其是前重后空的列车，其减压量不要超过60 kPa。

动力制动与空气制动配合调速过程中，前空后重列车可适当减少制动力或电流，以防形成压缩冲动；前重后空列车可适当增加制动电流以防产生伸张冲动。

根据速度下降情况及时提制动手柄，防止出现无制动力、电流或制动力、电流小引起冲动。

动力制动与空气制动配合调速时，一般情况制动力、电流应不小于 10 kN、150 A，并且应不大于 50 kN、700 A(指一台牵引电动机)。

正常天气下，25～75 km/h 速度范围，HXD_3 机车的最大制动力受黏着限制(参见图 13)，天气不良时影响将加大，尤其是天气不良时要注意适当降低制动力，防止滑行擦伤动轮。

自阀移至缓解位后，15 s 内制动力要适当加强，不能削弱；20 s后才允许减少；30 s 后才允许解除。

动力制动与空气制动配合调速时自阀缓解时，普通货物列车不应低于 15 km/h，重载货物列车不应低于 30 km/h。

(3)特殊情况下动力制动的使用

正常情况下不准使用动力制动停车，特殊情况下(折角塞门关闭、空气制动失效、常用制动时易起非常的列车)可以使用动力制动停车，但 SS_4 改型机车应注意列车速度为零时，立即解除动力制动，并使用空气制动，防止倒溜。

129. 电力机车牵引旅客列车的操纵问题

非特殊情况，不是在长大下坡道运行，不应使用动力制动调速、停车，特殊情况必须使用时，应缓上缓下。有关提回动力制动手柄方法参见第127条有关内容。

因制动时列车降速快，恒牵引力、准恒速电力机车低速范围牵引力变化幅度大，牵引手柄位不易掌握。因此，恒牵引力、准恒速电力机车可不采用牵引辅助制动法，但运行中采用空气制动时要使机车制动缸呈缓解状态，以防止列车冲动。

130. 货物列车在高坡地段的防溜操纵(参见文献[1])

在电气化区段，因变电所跳闸或意外事故而造成接触网长时间停电后，列车在坡道停车的防溜问题非常关键。

郑州铁路局做过两次车辆在紧急制动后制动缸压力与时间关系的静止试验。试验中发现各辆车的制动缸压力下降快慢悬殊，但由于试验辆数足够多，试验数据的平均值就很有代表性，可作为确定溜逸时间依据。

根据试验结果，制动缸在制动3 h后平均压力还在120 kPa以上，而在20‰的坡道上车辆开始溜动的制动缸平均压力为52 kPa。由此可以认定：在20‰的坡道上列车紧急制动3 h后不会自动溜走。

对于上坡方向的列车，停车制动时应使车钩处于拉伸状态。如果车钩处于压缩状态，在车辆溜动时就会对机车产生冲击而使列车容易溜动。同理，对于下坡方向列车，停车时要使车钩处于压缩状态。

停车后要将自阀放紧急制动位，排完列车管的压力空气(放紧急制动位排完列车管的压力空气，有利于防止车辆自然缓解，这一点很重要)。在列车管压力空气排完后，为切断撒砂阀空气通路以节省风源，可将自阀手把移常用制动位。

131. SS_4 型机车甩单节后操纵方法指导

SS_4 型机车牵引5 500 t列车甩单节后，在平道上全负荷时的均衡速度约为80 km/h，在3‰上坡道全负荷时的均衡速度约为35 km/h，全列在超过3‰上坡道停车后将无法起动。

因此，较为平坦的线路甩单节后可维持运行，但停车、等信号、天气不良等情况易造成运缓、坡停。

在区间甩单节后应尽量维持运行至前方站。当前方有超过3‰的上坡道并且持续距离较长时，应请求在就近车站侧线停车并汇报情况。

举例：京沪线上行泰山站需要甩单节时，对于牵重超过 3 200 t（天气不良超过 2 700 t）的列车，就不应继续运行。对于界首站甩单节的列车可继续运行，但要和调度汇报，以确保张夏—炒米店间不等信号。

（八）货物列车运行中突起非常停车的综合判断处理方法

132. 突起非常停车的综合判断步骤

发生此种情况首要的是应尽快作出正确判断，否则，往往是忙中、慌中出乱，欲速则不达。

（1）是否妨碍邻线

①停车后立即从邻线一侧进行后部瞭望。

②确认影响邻线时先安排邻线防护，再安排本列检查。

③因曲线、视线等原因不能确认影响邻线时必须立即对邻线进行防护。

（2）是否列车分离、是否脱线或颠覆

①停车后先后部瞭望，确认有无列车分离、脱线颠覆迹象。

②当车辆原因造成列车管严重漏风充不满风时，可能为列车分离，需去后部进一步检查确认。

（3）列车管是否能充满风

①单阀全制动位做好防溜。

②对有关装置复位后，将自阀手把移缓解或运转位，向列车管充风，充风 2～3 min，首先初步进行列车管泄漏试验，可将自阀手柄放中立或最低减压位，以切断向列车管充风，此种试验法也称为快速测漏法（此时列车管并未充满，有段虚风压，切断向列车管充风后，管压很快将达某一实风压，看泄漏应从实风压开始）。若风压泄漏正常，必须充满风后进行简略试验，认真确认排风音响及时间正常，泄漏量不超规定后开车。

③初步进行泄漏试验时,若风压很快降为零,可初步确定为机车或车辆制动系统严重漏泄所致。

④首先确认机车。方法是关闭机后折角塞门进行充风试验,若充不满风,就属于机车原因,属机车原因时一般多为自停动作未复位,确认后必须先恢复自停。

⑤若机车可以充满风,那就是车辆的问题。去后部检查前,司机首先应将机车制动机处置好(详见第137条)。学习司机(换乘司机)携带有关工具和防护用品向后部查找处理。

⑥后部检查,未查明故障原因,必须检查到最后一位。

133. 邻线紧急防护

必须按"一防护、二报告、三检查"顺序,以最快速度对邻线进行紧急防护。

妨碍或可能妨碍邻线时的防护程序,按济南局机务部门非正常情况下行车应急处理预案第二条办理。

134. 列车突起非常制动停车的原因分类

①列车分离类:车钩自动开启,断钩,机车、车辆脱轨、颠覆。

②制动系统严重漏泄类:制动软管连接器跳开,制动软管破损,主风管爆破,车辆截断塞门以里破损(如制动支管断等)等。

③列车运行监控记录装置动作。

④常用制动时车辆起非常。

135. 后部检查处理应携带的主要工具和防护用品

手持机、管钳子、连接器胶圈、纸笔等;信号旗或灯、短路铜线、响墩、火炬。

136. 后部查找前司机对机车制动机处置的关键步骤

①单阀手把置全制动位,防止列车溜逸。

②将自阀手把放置缓解或运转位,不断向列车管充风,这是便于查找制动系统严重漏泄类故障处所的关键(在大坡道上停车,如果仅凭机车全制动不能保证停留时,应采取其他防溜措施)。

经验教训:若将自阀手把不放缓解位,就让学习司机(换乘司机)去后面盲目查找,将极难找到严重泄漏处所,而延长处理时间。

137. 车辆制动截断塞门以里严重泄漏时的处理

若车辆泄漏处所在截断塞门以里无法排除时，可临时关闭该车辆截断塞门至"关门车"。然后"拉风"（即解除关门车车辆的制动，方法是将副风缸放风阀的拉把向外拉出，并持续一定时间，也可将副风缸放风阀处用石块或其他物品挤住，待副风缸风压排净后再松开，并检查闸瓦间隙）。若不符合《铁路技术管理规程》第202条规定时（货车关门车数不超过总辆数6%，不得挂于机后三辆车内，在列车中连续连挂不超二辆，最后一辆不得为关门车，最后第二、三辆不得连续关门），司机应掌握安全速度运行至前方站改编或将"关门车"摘下。

138. 货物列车制动主管（不包括制动软管）**发生故障时的处理**

根据济局《行规》第157条规定，若发生故障的车辆在列车尾部10辆及其以内时，可关闭故障车前位折角塞门，掌握安全速度，运行至前方站处理。但不要忘记将关闭折角塞门以后的车辆全部"拉风"处理。

如制动主管故障的车辆在列车尾部10辆以前，或虽在部10辆以内，但在故障车后部挂有乘坐旅客或装载爆炸品、压缩气体、液化气体、超限货物的车辆时，应分部运行，并将故障车随第一次牵出时挂出。

139. 制动软管爆破或拉断后的处理

如制动软管破损，取列车后部或机车前部风管进行更换，并将损坏风管带回；使用机车风管时，到达后应将机车风管卸下取回。

140. 钩舌断损时的处理

根据车钩型号取列车后部或机车前部钩舌进行更换，将损坏钩舌带回。使用机车钩舌时，到达后应取回。

141. 列车分离后的处理

货物列车分离，制动调速和站内开车占大多数。这其中既有客观因素，也有人为因素。主要原因可能是车钩锁闭装置不良，车钩连挂状态不好，调速缓解时的冲动，人为提钩等（分离大多为一处，个别情况可能超过一处）。

(1)经检查确认采取措施后可整列运行的处理程序

采取措施后可整列运行时不准分部运行。

①连挂前注意事项

学习司机(换乘司机)必须认真检查被连挂车辆的制动情况(起非常停车后,短时间内后部分离车辆一般不会自然缓解),若发现缓解应采取防溜措施,防止因连挂失败而造成的车向后溜逸事故。

将前部分离车辆最后面的折角门关闭。

必须认真调整好车钩钩位,确保一次连挂成功。

②连挂注意事项

未得到学习司机(换乘司机)手持机连挂指令或明确的连挂手信号,司机严禁擅自移动机车。

所有工作完成后要认真用手持机通知司机分离距离,并用手持机指挥连挂或显示连挂手信号。

遇手持机故障并相距较远或连挂手信号难以辨认时,应迅速返回机车汇报情况,商定具体的连挂方案。

前部车辆必须充满风后,方可实施连挂。

严格掌握速度,不超 3 km/h 连挂,认真倾听手持机连挂指令或密切注视手信号显示,及时停车。

③试拉

连挂完后,必须认真进行试拉。

④连接制动软管、撤除防溜措施

试拉完后,连接制动软管,缓缓开启折角塞门,司机加速充风。若之前已采取防溜措施,此时不要忘记撤除。

⑤确认列车完整

简略试验确认:故障原因消除后,有运转车长时与运转车长联系,简略试验发车;无运转车长时,充满风自行进行简略试验,一定要认真测定排风时间是否正常,并认真进行泄漏试验(放足1 min,每分钟泄不超 20 kPa)。

起动时尽可能后部瞭望再行确认列车的完整性,严防将车辆遗留区间。

(2)经检查确认不能整列运行需分部运行处理程序

济南铁路局《行车组织规则》第121条规定，在超过6‰坡度的线路上，不得无动力停留机车车辆。坡度不超6‰需分部运行时：

①首先做好后部分离车辆防溜防护工作：

非电化区段，按规定轴数拧紧车辆手制动机；电化区段，按规定数量拧紧人力制动机紧固器。

②分部运行处理程序：

司机使用列车无线调度通信设备报告前方站和列车调度员；

司机指派学习司机(换乘司机)对遗留车辆做好防溜防护工作；

司机记明遗留车辆数和停留位置；

司机方可牵引前部车辆开往前方站；

半自动闭塞区间，必须在进站信号机外停车联系(已用无线调度通信设备通知车站值班员列车为分部运行时除外)，得到准许后再进站。

(3)挂取遗留车辆注意事项

①凭调度命令(命令不清、停车位置不明确时，不准动车)、发车信号进入封锁区间。

②使用调车键，距车列2 km时，严控速度，不超20 km/h，在防护人员处或压上响墩后停车。

③挂车前详细询问并检查停留车辆防溜情况。

④认真整理好车钩钩位，确保一次挂妥，连挂后试拉。

⑤遗留车辆挂妥后方能撤除防溜措施。

142. 突起非常停车三种危险情况及安全注意事项

(1)妨碍或可能妨碍邻线时未做或未做好防护可能带来的后果

车辆脱线、颠覆妨碍邻线，可能邻线通过信号机仍然显示进行信号，当未做好防护时，邻线列车仍然高速运行，将会酿成大祸。因此，虽然列车起非常停车妨碍邻线概率较低，但它却是一种最危险情况，机车乘务员应牢固树立邻线防护意识。

(2)分离车辆防溜及遗留车辆连挂

①坡道上的后部分离车辆若不采取防溜措施，自然缓解后将可能发生溜逸而使事态扩大。

②挂取遗留车辆连挂时若未采取防溜措施；当连挂失败时，极易造成车辆溜逸而使事态扩大。

③司机也要重视前部分离车辆的防溜工作，单阀必须保持全制动。学习司机(换乘司机)后部检查处理时，司机原则上不准离开机车(对邻线进行防护及撤除防护时除外)，及时向车站报告有关情况，并不断地注视学习司机(换乘司机)的动向。遇有情况果断采取措施。

(3)人身安全

学习司机(换乘司机)后部检查处理时，要利用手持机随时联系，要在确保安全的前提下求快，但不要盲目求快，要特别注意人身安全。

①注意邻线列车。

②注意脚下障碍物，注意桥梁，尤其是注意无栏杆桥梁，以防坠落。

③检查车钩风管时要高度警惕，发现车有移动迹象立即停止作业，并退出。

④紧松手制动机或人力紧固器也要特别注意安全，尤其是应防止闪空。

⑤拆装车钩时防止碰伤、挤伤、砸伤。

⑥没有得到学习司机(换乘司机)的连挂、试拉等使机车移动的手持机指令或手信号，严禁司机擅自移动机车。

143. 需要强化的意识和需要掌握的基本技能

(1)需要强化的意识

防护邻线意识、防溜意识、人身安全意识、确认列车完整意识。

(2)需要掌握的技能

火炬、短路铜线、响墩的使用；更换制动软管、车钩；关闭车辆截断塞门至关门车；紧松车辆手制动机；人力制动机紧固器的使用；拉风(关门车拉风、主风管故障关闭折角塞门的后部车辆拉风)；检查时应携带的工具；贯通或简略试验的方法、目的、意义。

(3)需要掌握的规章

《铁路技术管理规程》有关条款；第 202 条(关门车规定)、第 270 条(有关确认列车完整方面的条款)、第 293 条(可能妨碍邻线时的防护规定)、第 294 条(放置响墩防护规定)、第 295 及 296 条(列车分部运行规定)、第 299 条(列车运行途中发生车辆故障应急处理规定)、第 360 条(遇响墩爆炸声及火炬信号火光时的规定)等。

各铁路局《行车组织规则》中涉及列车分部运行以及列车在区间自动制动机故障的处理等规定，如济南铁路局《行车组织规则》第 121、157 条等。

七、列车优化操纵示意图

144. 列车优化操纵示意图应包含的主要内容

(1)标准编组列车的开放式速度线

以牵引货物列车为例,通常情形下,一个机务段所使用机型固定、乘务区段固定,而货物列车编组却是复杂的。不同编组的列车,它们的速度特性就不相同。如全列是空车或全列是重车时,其速度特性,尤其是惰行速度特性就存在着很大差别,因而在操纵方式上也存在很大差别。根据经验,在操纵货物列车时,机车司机要重点掌握好重货列车的操纵。这是因为,空货列车的速度相比之下容易得到控制。考虑到货物列车编组的复杂性及其对速度特性的影响,不可能也没必要将各种编组列车的开放式速度线一一绘制出来。因此,在机务段“列车优化操纵示意图”上只绘制主型机车牵引标准编组货物列车时的开放式速度线。

(2)在开放式速度线之下确定无用速度(动能)范围

根据计算、分析结果,在标准列车的开放式速度线之下确定无用速度(动能)范围。这样做能使司机更加清楚列车在各参照点获得动能的有用程度,在有必要采取保守式操纵方法时,懂得在什么范围采取牵引保守式操纵和在什么范围采取制动保守式操纵来拖延必要时间,以使列车获得的有用动能得以充分利用,使列车运行秩序得到优化。

(3)依据实际情况将牵引区段划分成几个或多个操纵小区

这样能使阶段优化目标更加清晰,既便于优化操纵指导要点书写,也便于机车司机学习和使用。

(4)标出对优化操纵有较大影响的凸凹变坡点

凸或凹变坡点是一类重要的经济控制点。如果能在列车优化操纵示意图中标出,就能使司机在实际操纵中引起足够重视。

(5)标出某些车站开放式停车牵引终了地面参照点及对应速

度值

加速终了的速度值对于列车运行的经济性有较大影响，而此速度值应与地面参照点相对应。这样做是为了避免实际操纵中的两个极端，即不是过早地由牵引运行转为惰行而引起运缓，就是过晚地转为惰行而引起过多的有用动能损失。而评价其过早或过晚应把过渡地点和过渡速度以及运行点的松紧程度综合起来考虑。

(6)标出中间站所属经济类型

采用保守式操纵时，使司机更加明确保守目标的重要程度。

(7)标出部分车站使用列车无线调度通信设备的恰当地点

能使司机清楚取得前方站列车运行信息的恰当地点，当前方站产生刚性波及时，能有足够时间、距离采用适度保守式操纵。

(8)标出有用动能倾注热点中间站

中间站是使通过列车产生有用动能损失的主要场所。对于重货列车来讲，当正常通过受到刚性波及时，大部分有用动能是倾注于(制动消耗于)车站进站信号机外方。并且易产生连锁效应，使局部运行秩序恶化。如果能在示意图中标出，就能提醒司机及早采取措施，获得前方站影响本列正常运行的有关信息，就可化解刚性波及，优化局部运行秩序。

(9)用文字较详细地写出优化操纵指导要点

优化操纵小区和站间指导要点应结合起来。

145. 优化操纵示意图应为机车司机提供全方位的操纵方法指导

优化操纵示意图不仅应提供给机车司机理想条件下开放式操纵方法指导，而且也应提供各种非理想条件下的适度保守式操纵方法指导。它强调具体问题具体分析，重视运行条件，并反复向机车司机灌输这样一种观念，即优化操纵不仅是对本列的优化，更重要的是对运行秩序的优化，是安全、经济、效率的统一；强调所提供的方法只是一种指导，完全不必拘泥于此。重要的应是对宏观、微观方法的融会贯通，熟练运用。

开放式速度线及对应工况组合为机车司机提供了理想条件下

优化操纵方法指导，加之优化操纵指导要点的解说，使抽象的优化操纵方法变的具体、实在、可操。

无用动能范围，凸凹变坡点，恰当时机域，车站经济类型，有用动能倾注热点，加之优化操纵指导要点的解说，使保守式操纵方法也变的看得见、摸得着。

因此，优化操纵示意图提供给机车司机的是全方位的优化操纵方法指导。机车司机通过学习、实践，先对此有所感悟，进而使之在一个较短时间内得到明显提高。

机车司机只要能熟知线路、信号设置等，并能熟练掌握一类标准编组列车在正常气候（主要指风速、风向）条件下的开放式与保守式操纵，加之有丰富行车经验和对列车运行趋势的准确判断，在正常气候条件下，其他列车通过与标准列车的比较和在非正常气候条件下通过与正常气候条件下的比较，再适度调节牵引或制动操纵器件达到准确控制列车运行速度，尤其是各重要经济控制点的运行速度。因此，如果司机能具备这种综合能力，他便熟练掌握了机车优化操纵技术。那么，无论在什么气候条件下，也无论是什么编组的列车，在他所熟悉的线路上，能始终使列车沿优化的速度线运行。

146. 操纵小区划分问题

机车司机操纵根据实际限制条件，最终都可以归结为这样一个最根本的问题：是采用开放式操纵，还是采用何种程度、何种范围的保守式操纵。

从整个乘务区段来看，范围似乎大了些。根据实际情况，可将一个乘务区段化分为几个或多个操纵小区，再逐一研究每个操纵小区列车运行中可能遇到的各种问题，以及解决这些问题的办法等。在一个操纵小区内作为货物列车遇到的情况一般为下列四种：

①列车在不受任何波及的理想条件下运行；

②列车在非理想条件下运行；

③中间站安排停车；

④终点站安排停车。

当列车面临①中所述情况时，在该操纵小区，司机可采用开放式操纵；当面临②中所述情况时，依据波及强度，采用与之相对应的适度保守式操纵；当面临③中所述情况，应采用开放式停车操纵，一般不会使货物列车造成太多有用动能损失；当面临④种所述情况，对于平坦线路应按照优化操纵示意图标出的牵引终了地面参照点及其对应速度值适当控制，而在此之前一般可采用开放式操纵。对于较不经济、不经济型中间站安排重货列车停车，通常司机所发挥的作用不大，不可避免要造成较大列车有用动能损失。

通过以上分析，使我们较清楚地认识到，无论列车的实际运行过程如何复杂，情况如何千变万化，在列车运行限制条件下，总存在一种最优化的操纵方法与之对应。尽管以人工控制为主的机车操纵很难达到对应条件下的最优化状态，但借助列车优化操纵示意图，通过机车司机采用与之对应的操纵方法，得到满意解还是比较容易做到的。

147. 列车优化操纵示意图设计举例

附：京沪下行线济南西—大汶口间列车优化操纵示意图

一、济南西一党家庄优化操纵小区（以后简称小区）

1. 小区综述

该小区地处较大上坡道，机车高负荷运行，HXD_3（138 t 自重）与 SS_4 机车相比黏着牵引力约小 20%，天气不良水党间易发生运缓，坡停易发生在党家庄一接近前后，济西出库要保证砂路畅通，困难地段前保持好合适间隔，以防坡停。

2. 优化方法指导

①济西站为始发站，试闸后 5 min 未开放信号，要严格遵守作业标准进行制动保压的规定（防止折角塞门关闭）。

②为提高枢纽站的能力，理想条件下，济西站内开车应采用两段加速操纵方法，即起车后尽快加速至道岔侧向限速以下，尾部出岔后再加速。

③雨雪天气未减吨时，要向调度、车站提出申请。

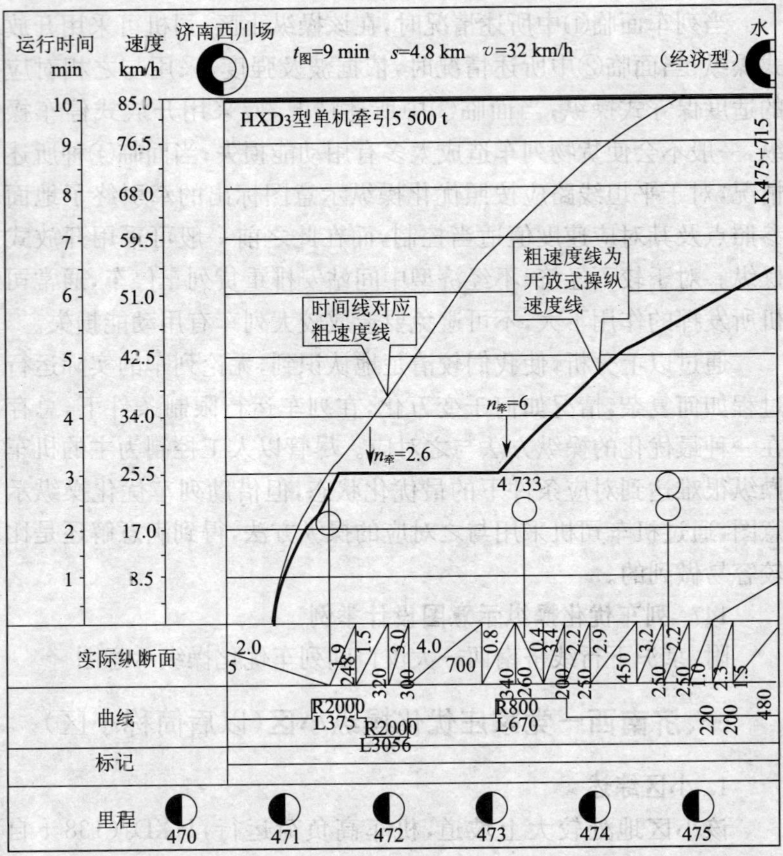

水电站：

1. 停车程序（3 股）：

主手柄领速 40 km/h 进站后断电，距 800 m，32 km/h 电制控速，距出站100 m，8 km/h断电后减压 50 kPa，酌情追加减压，80 m 停车。

2. 股道有效长和道岔侧向限速：

1 股 1 279 m；2 股 1 290 m；3 股 1 116 m；4 股1 095 m；5 股 1 050 m；6 股 1 065 m。限速：45 km/h。

④天气不良，前方无列车时，要尽量提高列车速度，防止党家庄一接近前后坡停。

⑤注意确认水屯出站进路表示器。

⑥党家庄受京沪三线客车及京沪五线崮山站的影响，对党家庄通过列车波及影响较大，一接近应及时联控获取党家庄站的运

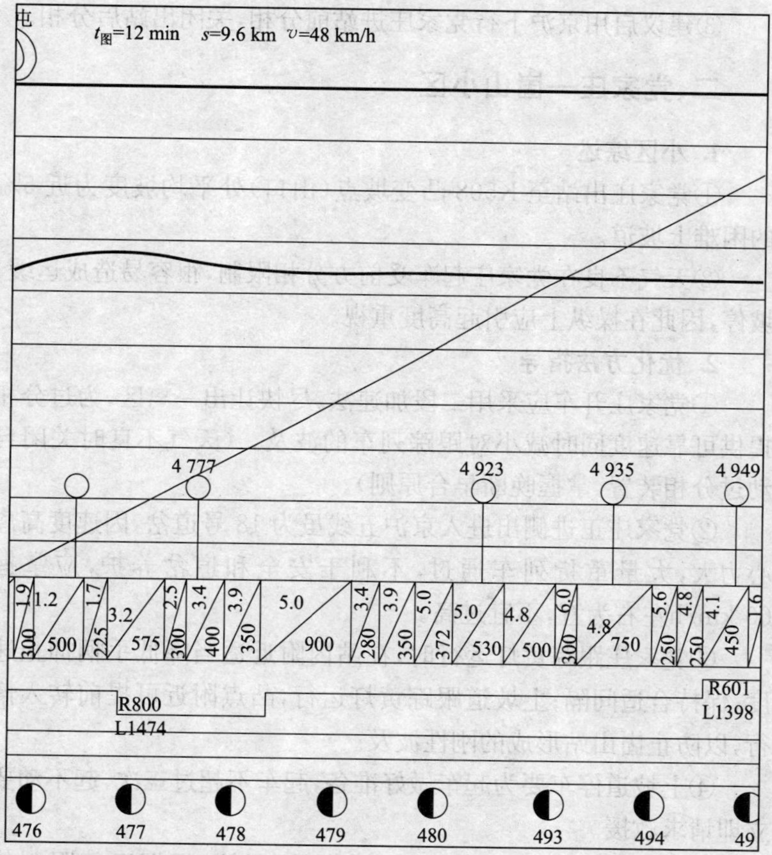

行信息，确定操纵办法。

3. 优化操纵环境建议

①济西一泰山区段是重货列车困难区段，HXD_3（138 t 自重）与 SS_4 机车相比黏着牵引力小 20%，HXD_3 机车牵引定数不上浮，天气不良等情况 HXD_3 机车牵引的列车，建议上级减吨比值要超过 15%，建议安排 HXD_3 机车在济西南仓间运用，济徐间坡度大，建议使用 SS_4 机车，这样能扬长避短。

②加强调度指挥、车机联控，天气不良时要尽量保证重货列车在党家庄站以较高速度通过，以避免前方区间分相区停车和坡停。

③建议启用京沪下行党家庄进站前分相，关闭出站后分相。

二、党家庄—崮山小区

1. 小区综述

①党家庄出站至K508凸变坡点(山口)处平均坡度为近5‰的困难上坡道。

②天气不良在党家庄起车受前方分相限制，很容易造成运缓、坡停，因此在操纵上应引起高度重视。

2. 优化方法指导

①党家庄开车应采用二段加速法，尽快让出一离区，为过分相提供可靠速度同时减小对跟踪列车的波及。(天气不良时关闭自动过分相装置，掌握晚断早合原则)。

②党家庄正进侧出进入京沪五线虽为18号道岔，因速度高离心力大，大量重货列车通过，不利于安全和道岔养护，应掌握60 km/h左右为宜，不宜过高。

③党家庄跟踪黄灯运行时，在站内附近适当降低手柄抑止速度，保持合适间隔；上坡道跟踪黄灯运行，凸点附近可提前转入惰行，以防止崮山站形成的刚性波及。

④上坡道停车要为起车做好准备，起车不超过三次，起不动要立即请求救援。

⑤应在恰当时机对崮山站进行车机联控，根据运行限制信息确定操纵方法。当跟踪通过或待避客车时间较短时，应采用适度保守式操纵(提前转惰行或提前制动减速)，避免站内停车，出站信号开放后，充分利用站外的下坡道及站内平道动能闯坡。

⑥遇雨雪天气联控崮山为站内停车，重货列车应及时请求机外停车，为动能闯坡创造条件，消灭崮张间的运缓、坡停。

3. 优化操纵环境建议

①当不良天气或客车涂油时，由于调度指挥的难度，重货列车不得已要安排在崮山站停车时，如果能安排在机外停车(机外为下坡道)，再开车时就可消灭崮—张间可能出现的坡停。

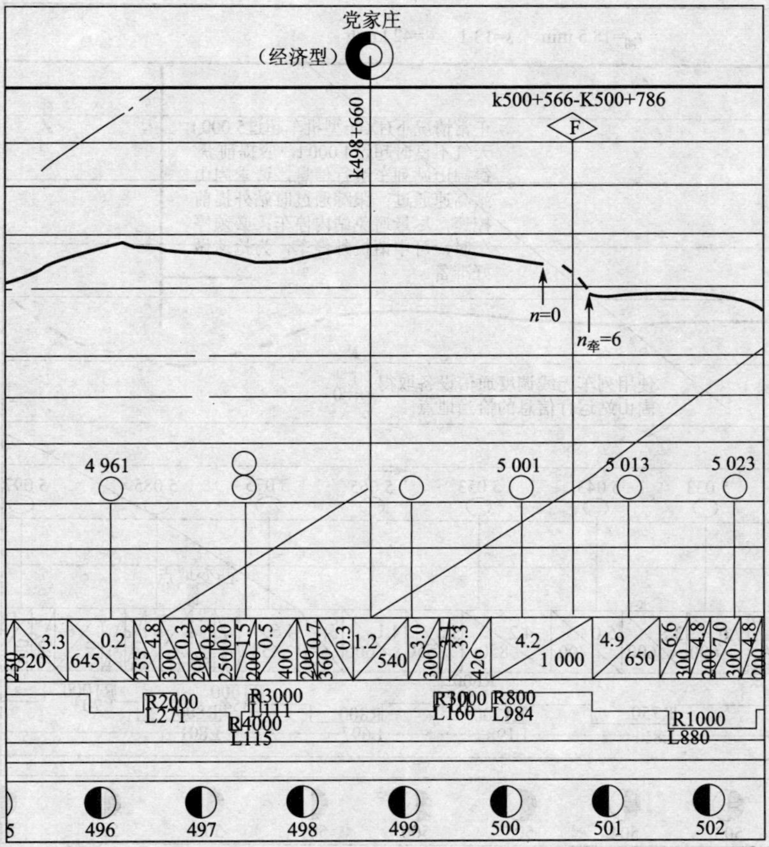

党家庄站：

1. 停车程序(3股)：

三接近掌握 58 km/h 断电，进站前 800 m，58 m/h 电空配合减压 50 kPa。距进站 300 m，38 km/h 缓空 32 km/h 进站。站内电制控速，距出站 100 m，8 km/h 断电后减压 50 kPa，酌情追加减压 80 m 处停车。

2. 股道有效长和道岔侧向限速：

1 股 1 153 m；2 股 1 031 m；3 股 1 054 m；4 股 1 050 m；6 股 1 050 m；7 股 1 193 m；8 股 985 m。限速：45 km/h。

3. 过分相提示(困难型)：

①中心坐标：K500＋671.03（关节式）。

②禁止双弓标距前方信号机的距离：780 m、合电标距前方信号的距离：414 m。

③重车最低通过速度：18 km/h；空车最低通过速度：21 km/h。

④最短加速距离：1 200 m。

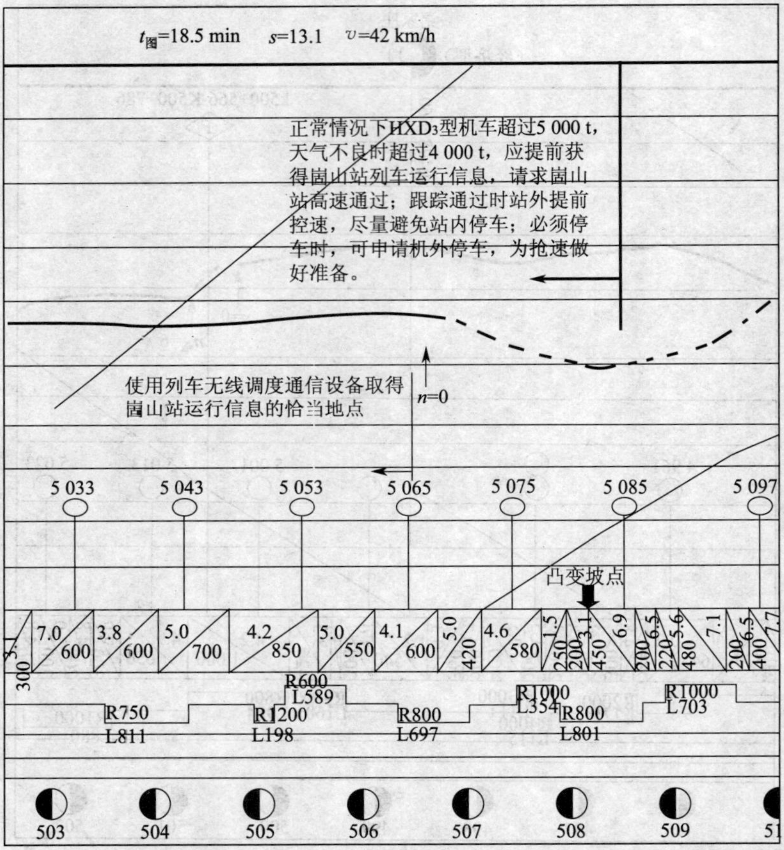

②尽量避免安排重货列车在崮山站停车，一是该站为不经济站，停车制动耗能大(5 500 t 列车每列耗能约 350 kW · h)；二是前方为特别困难坡道，易坡停；三是启动速度低，影响该区域畅通。

三、崮山-张夏小区

1. 小区综述

该区间为困难上坡道区间，从崮山出站-张夏进站加算坡度平均高达 5‰，并且区间有分相区，该区间是发生运缓坡停频率最高的区间，都是发生在天气不良、客车涂油并且是重货列车在崮开车或低速通时，因此，尤其是 HXD_3 型机车在停车时砂路畅通检查上、操纵上应引起高度重视。

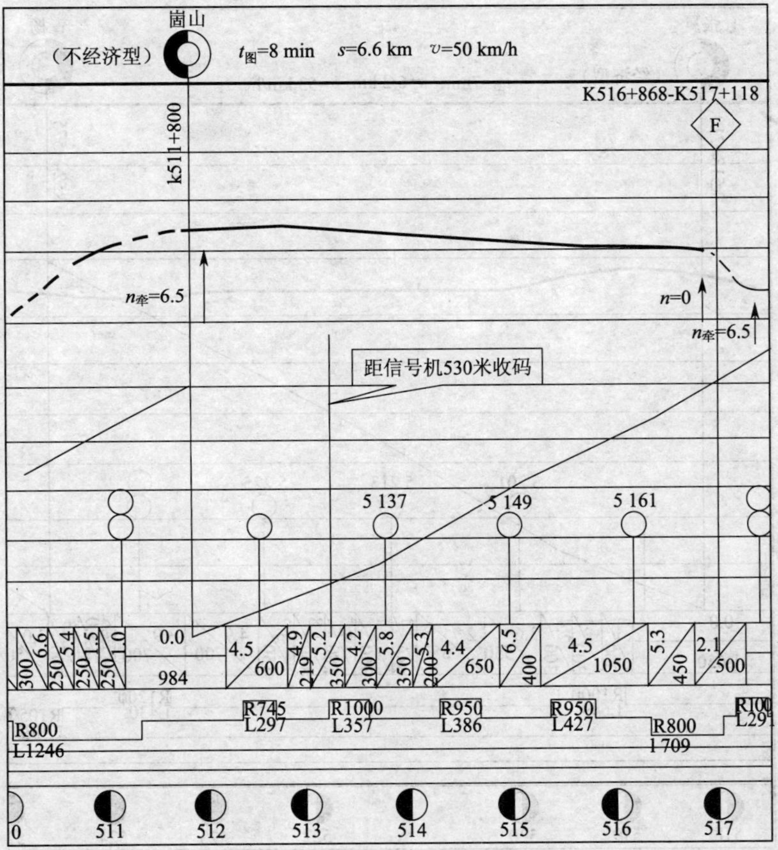

崮山站：

1. 停车程序(3 股)：

二接近电制控速，三接近 58 km/h 电空配合减压 60 kPa，进站前 300 m，35 km/h 缓空，30 km/h 进站，站内电制控速，距出站 100 m，速度 8 km/h 断电后减压 50 kPa，酌情追加减压，80 m 停车。

2. 股道有效长和道岔侧向限速：

1 股 1 091 m；3 股 1 050 m；5 股 1 050 m。限速：45 km/h。

3. 过分相提示(困难型)：

①中心坐标：K517＋005.02(关节式)。

②禁止双弓标距前方信号机的距离：650 m、合电标距前方信号的距离：280 m。

③重车最低通过速度：22 km/h；空车最低通过速度：24 km/h。

④最短加速距离：1 700 m。

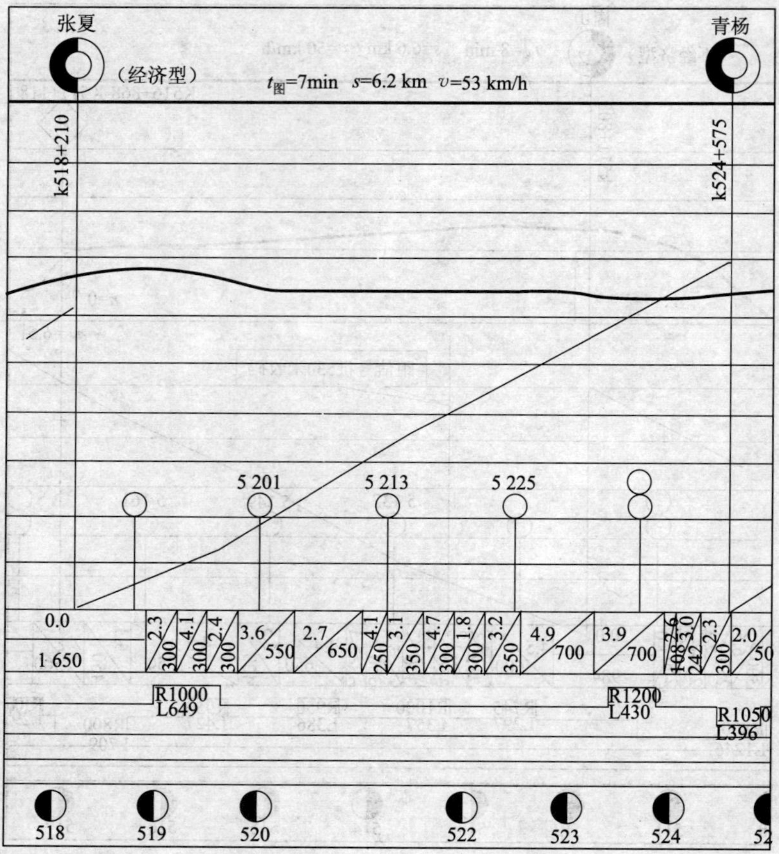

张夏站：

1. 停车程序(3 股)：

三接近 50 km/h 断电，37 km/h 进站。站内电制控速，距出站 120 m，速度 8 km/h 断电后减压 50 kPa，酌情追加减压，80 m 停车。

2. 股道有效长和道岔侧向限速：

1 股 1 114 m；2 股 1 089 m；3 股 1 080 m；4 股 1 089 m；5 股 851 m。限速：45 km/h。

青杨站：

1. 停车程序(3 股)：

三接近 55 km/h 断电，40 km/h 进站，站内电制控速，距出站 120 m，速度 8 km/h 断电后减压 50 kPa，酌情追加减压，80 m 停车。

2. 股道有效长和道岔侧向限速：

1 股 1 082 m；2 股 1 107 m；3 股 1 051 m；4 股 1 088 m；5 股 1 050 m。限速：45 km/h。

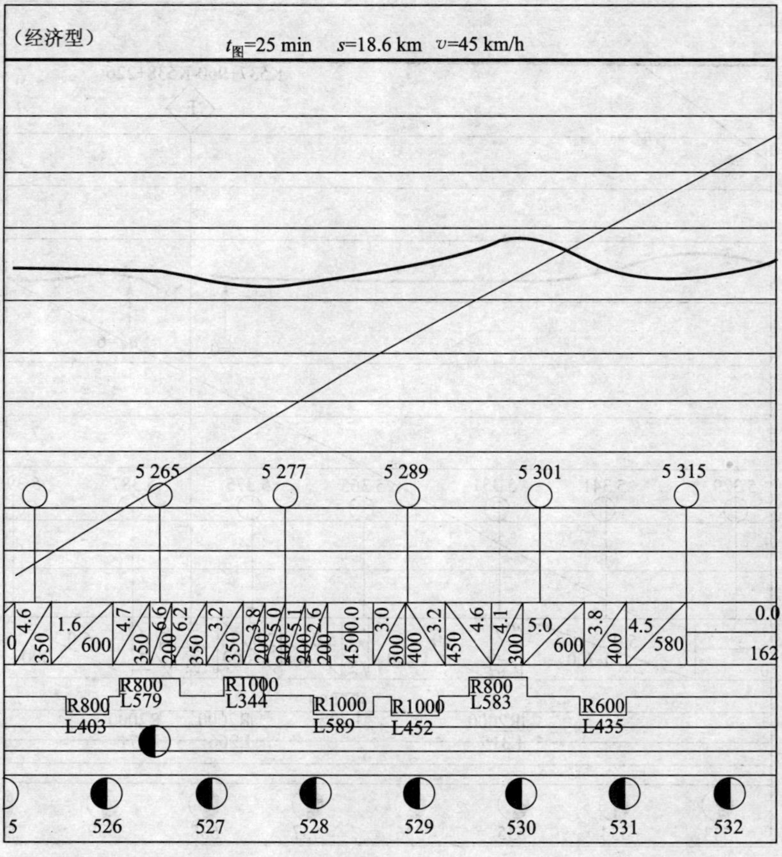

2. 优化方法指导

①正常天气情况：站内开车对跟踪列车形成较强的刚性波及，故开车时应合理利用机车轴重转移功能，在避免产生空转的情况下采用快起车、快加速操纵法，尽快让出一离区，为过分相提供可靠速度同时减小对跟踪列车的波及强度。

②在不良天气情况下跟踪开车，掌握好列车间隔，采用弯道保速、直道加速法操纵，防止造成运缓、坡停。因故造成分相区停车后应及时申请越区送电或救援，减少对运输干扰。

③不良天气速度低时过分相，要提前关闭自动过分相装置。

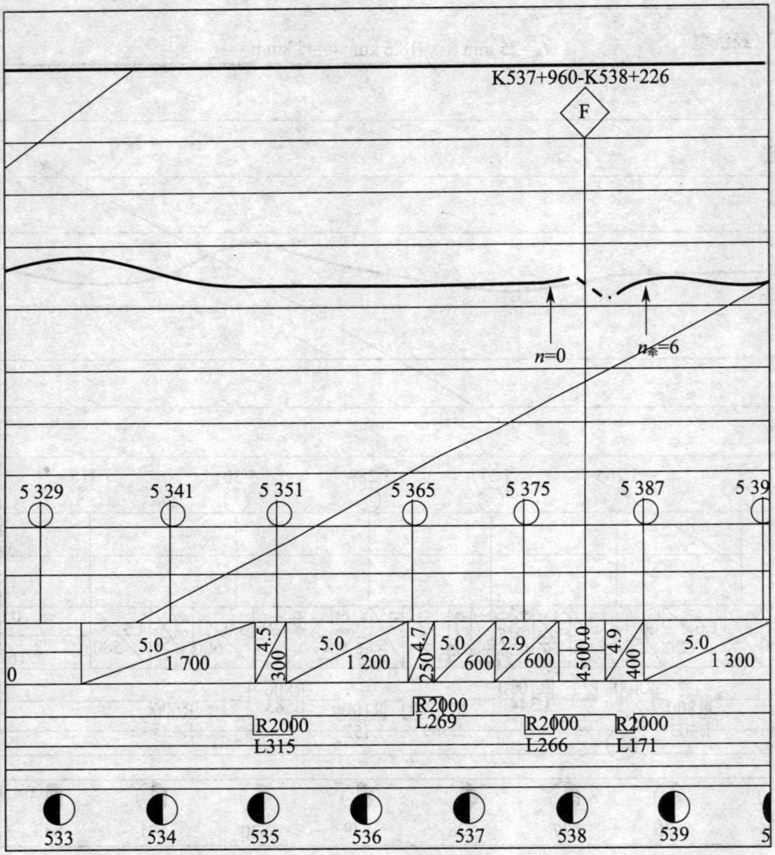

过分相提示（困难型）：

①中心坐标：K538＋156.59(关节式)

②禁止双弓标距前方信号机的距离：800 m、合电标距前方信号的距离：414 m。

③重车最低通过速度：20 km/h；空车最低通过速度：22 km/h。

④最短加速距离：1 000 m。

3. 优化操纵环境建议

①天气不良等情况下 HXD_3 超过 4 000 t（正常天气超过 5 000 t）、SS_4 超过 5 000 t 时，建议限制崮山站停车，并确保组织较高速度通过（安排机外停车除外）。

②建议京沪五线由崮山延长至张夏并与张夏三股接轨，取消崮山站，列车在张夏站 3 股正进侧出，侧向出站道岔设为 18 号及

以上道岔，出站信号具有显示黄闪黄功能。

③治理好工务施工油污和客车涂油。

④建议张夏站机外分相移至张夏出站二离去前后。

从崮山出站信号机至张夏进站信号机距离仅为 4 879 m，施工难度不大，从长远看，进行此项施工将颇具安全、经济、效率意义。张青间为缓和上坡道区间，在崮一张一青这一区域，若安排货物列车停车，在张夏最合理。为此这项施工，还应考虑增加张夏站下行侧线股道问题。

四、张夏—界首小区

1. 小区综述

张青间为缓和上坡道区间，青界间存在困难上坡道，天气不良易发生运缓、坡停。经青杨站进入京沪五线，青杨站进站逐一确认信号，及时准确输入支线号，防止错、漏输发生。

2. 优化方法指导

①张夏出站后及时获取青杨站运行限制信息，以确定操纵方法。

②正常天气张青间跟踪运行可较为紧凑；天气不良跟踪间隔则应适当拉大，以确保青界间困难坡道上以较高速度运行。

③青界间距离较长，区间为非封闭线路，应加强确认瞭望，避免路外伤亡。

④界首站转入京沪正线，受客车影响，对五线通过列车波及较大，跟踪列车应保持合适间隔，防止坡停。

⑤走京沪下行正线时，万德进站前要尽量储足动能，因万德出站后至原皮家店线路所坡度比五线大的多，严防加速晚、预想不够造成坡停，尤其是天气不良时。

⑥界首站线路纵断面为鱼背形，站内停车减压量不宜大，应适当增加机车制动力，防止冲动、断钩。

⑦原皮家店线路所至界首间跟踪运行应紧凑，这样可适当降低界首出站转惰行的速度。

⑧不良天气低速运行时，要提前关闭自动过分相装置。

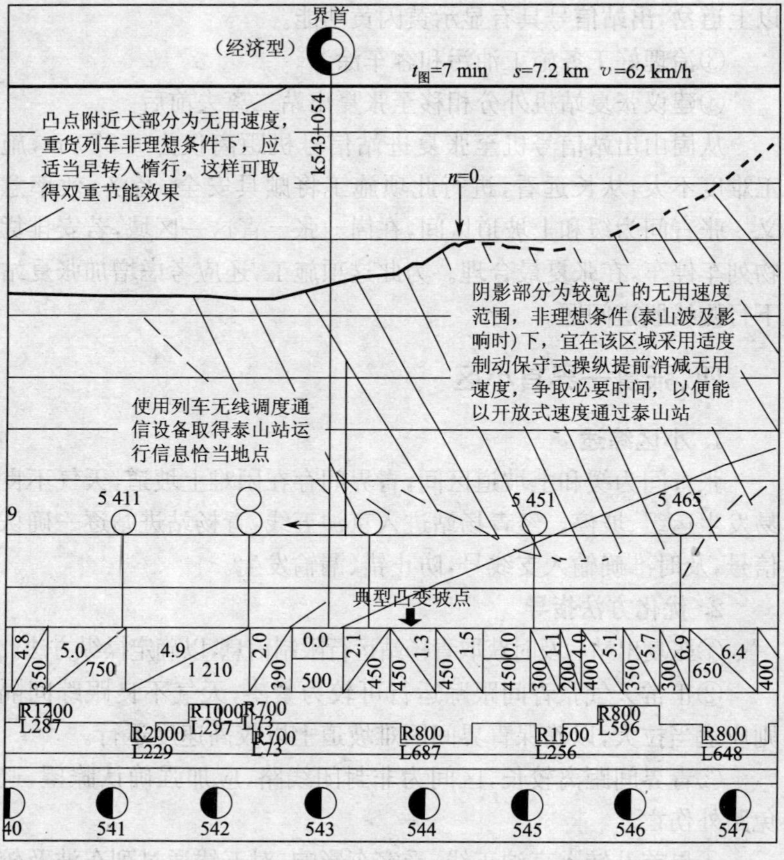

界首站：

1. 停车程序(3股)：

过三接近50 km/h断电,38 km/h进站,站内电制控速,距出站120 m,8 km/h断电后减压50 kPa,酌情追加减压,80 m停车。

2. 股道有效长和道岔侧向限速：

1股1 129 m;2股1 133 m;3股1 050 m;4股1 080 m;6股1 080 m。限速:45 km/h。

3. 优化操纵环境建议

①天气不良时,尽量避免安排重货列车走京沪下行正线。

②治理好工务施工油污。

五、界首—泰山小区

1. 小区综述

界首站为一典型凸变坡点(重货列车运行前方需制动调速),

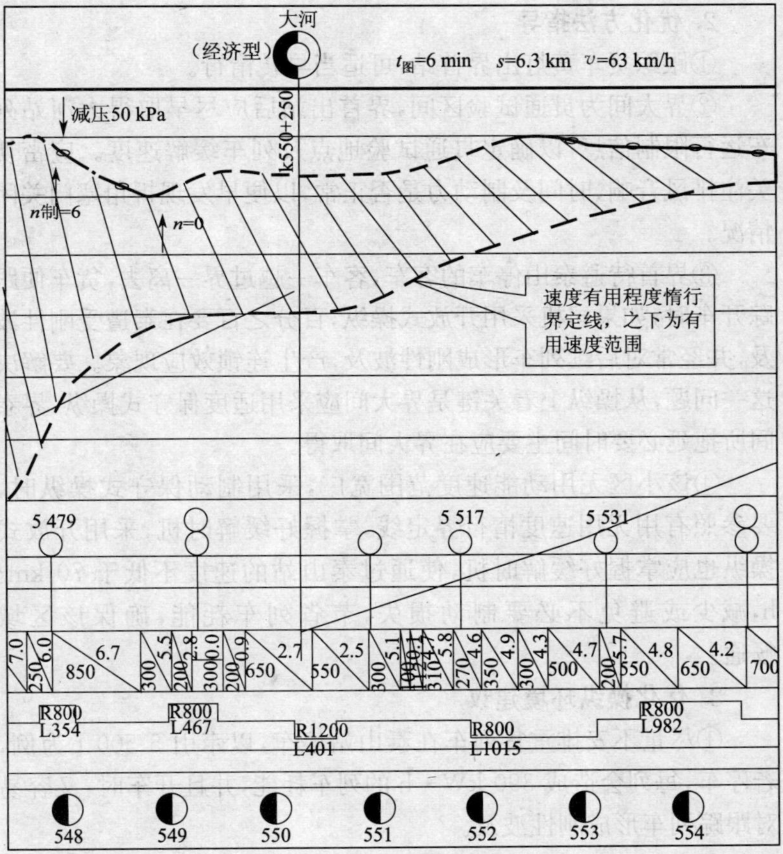

大河站：

1. 停车程序(3 股)：

二接近前电制控速，过三接近 58 km/h 减压 50 kPa，距进站 200 m，35 km/h 缓空，28 km/h过岔。站内电制控速，距出站 120 m，6 km/h 断电后减压 50 kPa，酌情追加，80 m处停车。

2. 股道有效长和道岔侧向限速：

1股 1 080 m；2股 1 080 m；3股 1 080 m；4股 1 080 m。限速：45 km/h。

界—泰间为持续较大的下坡道，无用动能速度范围宽广，泰山站有用动能速度范围为72 km/h以下，通过列车波及频率高，使之成为典型的巨大有用动能倾注热点站。因此，认真研究界泰间调度指挥、列车优化操纵方法，显得尤为重要。

2. 优化方法指导

①跟踪货车黄灯出界首站,可适当早转惰行。

②界大间为贯通试验区间,界首出站后应尽早取得大河站列车运行限制信息,以确定贯通试验地点及列车缓解速度。应密切关注排风音响、时间及制动力是否正常,以便早发现折角塞门关闭情况。

③界首待避泰山停车的客车,客车一越过界一离去,货车便跟踪开车时,如果司机采用开放式操纵,百分之百要在泰遭受刚性波及,并经常对后续列车形成刚性波及,产生连锁效应现象。要解决这一问题,从操纵上看关键是界大间应采用适度保守式操纵,界泰间所拖延必要时间主要应在界大间取得。

④该小区无用动能速度范围宽广,采用制动保守式操纵时,要参照有用无用速度惰行界定线,掌握好缓解时机;采用开放式操纵也应掌握好缓解时机,使通过泰山站的速度不低于 70 km/h,减少或避免不必要制动损失,节省列车耗能,确保该区域畅通。

3. 优化操纵环境建议

①尽量不安排重货列车在泰山站停车,以牵引 5 500 t 为例,若停车,每列会造成 390 kW·h 的列车耗能,并且开车时,又容易对跟踪列车形成刚性波及。

②泰山站安排货车开车,选择好合适间隔,尽量减少对通过列车的影响。

③优化车机联控制度,大河应成为泰山车机联控从属站,将列车运行限制信息和调度要求及早发出。

④尽早制定界首站货车跟踪泰山站停车的旅客列车开车时的优化调度方案,包括:

a. 界首适当拖开几分钟或告知司机自行掌握,泰山跟踪通过。

b. 预告司机客车在泰山起动时间,起动时再行通知。

c. 旅客列车快起车、快加速,尽快出清二离去。

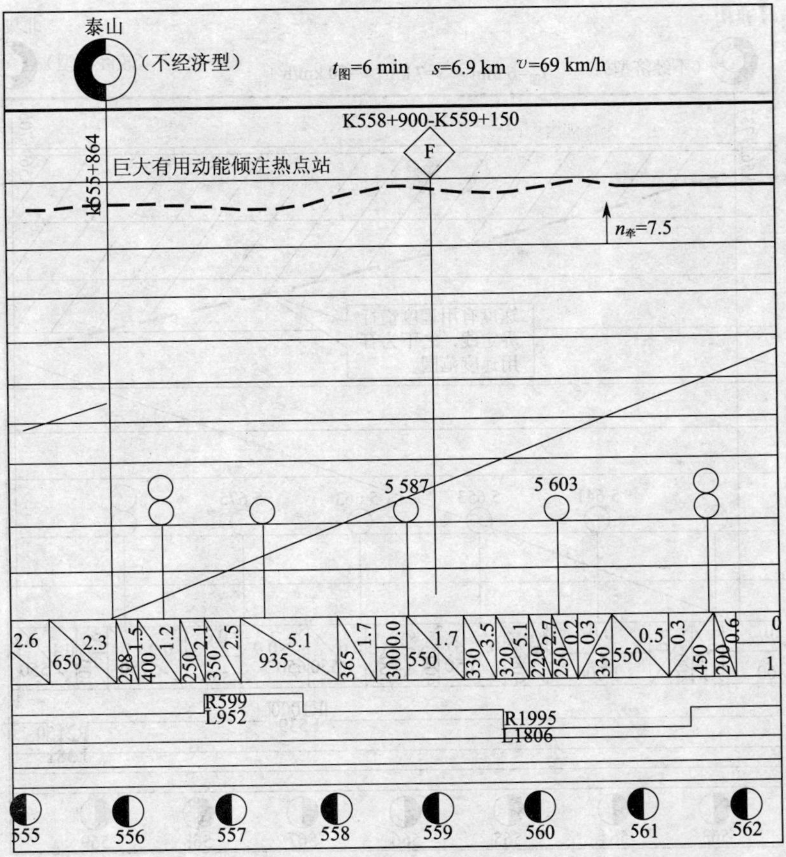

泰山站：

1. 停车程序(3 股)：

大河出站后电制控速，二接处 72 km/h 减压 50 kPa，过三接近后 40 km/h 缓空，电制控速 28 km/h 过岔。站内电制控速，距出站 120 m，7 km/h 断电后减压 50 kPa，酌情追加，80 m 处停车。

2. 股道有效长和道岔侧向限速：

1 股 1 133 m；2 股 1 080 m；3 股 1 086 m；4 股1 055 m；5 股 1 087 m；6 股 1 058 m；7 股 1 058 m；8 股 1 054 m；9 股 1 056 m；10 股 1 050 m；12 股 1 050 m；14 股 1 050 m；16 股 1 050 m。限速：30 km/h。

3. 过分相提示(简单型)：

①中心坐标：K559＋025.00（关节式）。

②禁止双弓标距前方信号机的距离：1 420 m、合电标距前方信号的距离：1 050 m。

③重车最低通过速度：5 km/h；空车最低通过速度：10 km/h。

④最短加速距离：100 m。

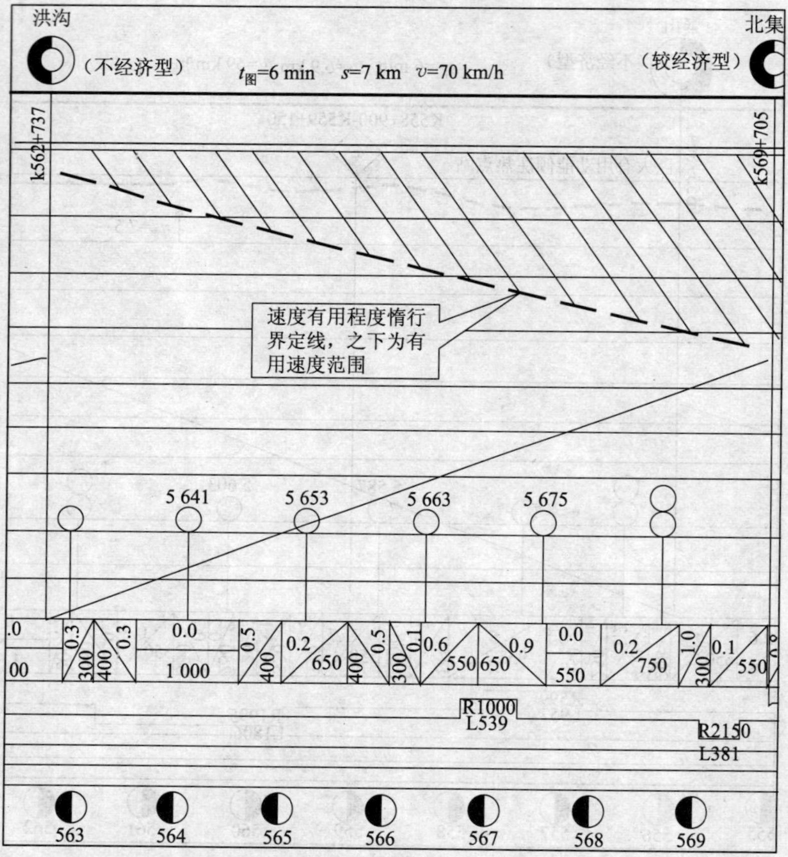

洪沟站：

1. 停车程序（3 股）：

泰山出站后控速 60 km/h 过分相，三接近 58 km/h 减压 50 kPa，距进站 400 m，35 km/h缓空，30 km/h 进站，站内电制控速，距出站 120 m，8 km/h 断电后减压 50 kPa，酌情追加，80 m处停车。

2. 股道有效长和道岔侧向限速：

1股 1 050 m；2股 1 050 m；3股 1 050 m；4股 1 050 m。限速：45 km/h。

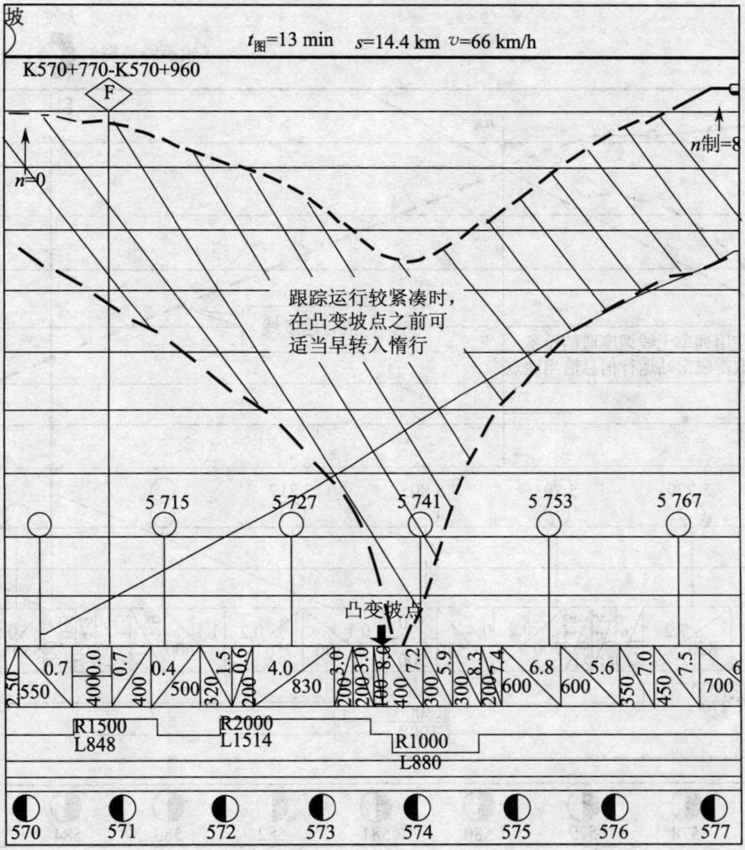

北集坡：

1. 停车程序：(3 股)

二接近前电制控速，三接近 58 km/h 减压 50 kPa，距进站 400 m，40 km/h 缓空，33 km/h进站，站内电制控速，距出站 120 m，8 km/h 断电后减压 50 kPa，酌情追加，80 m处停车。

2. 股道有效长和道岔侧向限速：

1 股 1 169 m；2 股 1 123 m；3 股 1 112 m；4 股 1 124 m。限速：45 km/h。

3. 过分相提示(一般型)：

①中心坐标：K570＋895.00(关节式)。

②禁止双弓标距前方信号机的距离：800 m、合电标距前方信号的距离：490 m。

③重车最低通过速度：12 km/h；空车最低通过速度：16 km/h。

④最短加速距离：200 m。

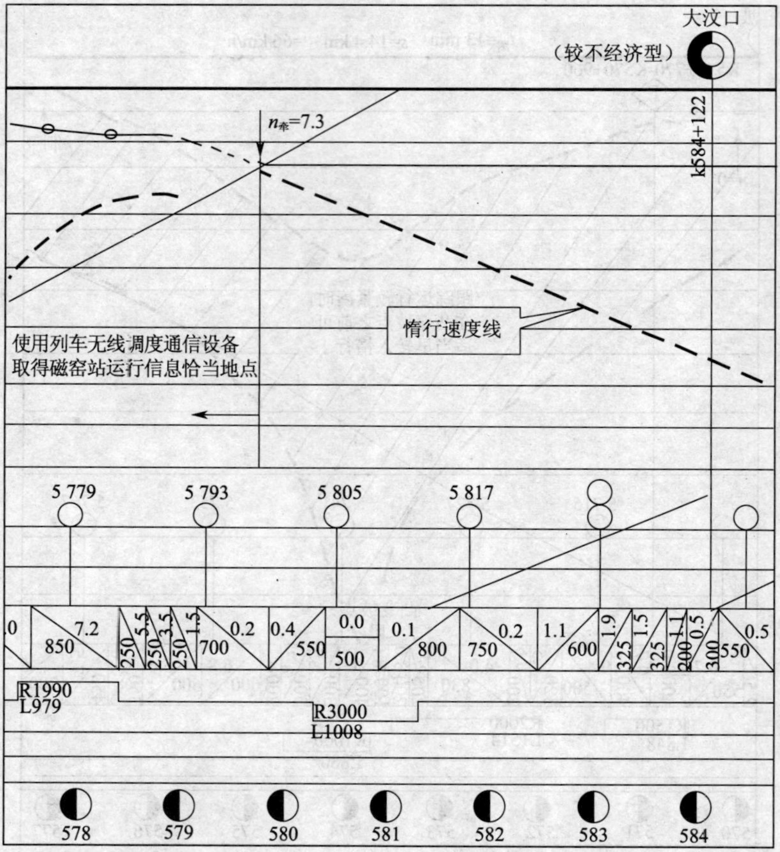

大汶口站：

1. 停车程序（3 股）：

二接近前电制控速，三接近 58 km/h 减压 50 kPa，距进站 400 m，42 km/h 缓空，35 km/h进站，站内电制控速，距出站 120 m，8 km/h 断电后减压 50 kPa，酌情追加，80 m处停车。

2. 股道有效长和道岔侧向限速：

1股 1 085 m；2股 1 212 m；4股 1 042 m。限速：45 km/h。

参考文献

[1] 孙中央.《列车牵引计算实用教程》[M]. 北京:中国铁道出版社,2005.

[2] 中华人民共和国铁道部. 机车操作规程[M]. 北京:中国铁道出版社, 2000.

[3] 中华人民共和国铁道部. 铁路技术管理规程[M]. 北京:中国铁道出版社,2005.

[4]《行车组织规则》(济铁总发[2007]第 52 号)

[5] 2009 年 2 月 16 日人民铁道报 B2 版.

[6]《路局十六项机务行车安全措施》(机安发[2009]90 号)

[7] 罗远谋. 内燃机车经济操纵问题的初步分析[J]. 内燃机车,1984 年, 122 卷(4 期):37-43.

[8] B. R. Benjamin 等. 长大列车的节能操纵[J]. 国外内燃机车,1991 年,252 卷(6 期):32-36.

[9] 张家栋等. 关于建立机车经济操纵评判标准的研究[J]. 中国铁路, 1997. 8

[10] 韩长虎,郝建杰. 浅析内燃机车牵引经济操纵问题[J]. 内燃机车,1991 年,206 卷(4 期):32-37.

[11] 韩长虎. 无线列调与内燃机车安全(经济)操纵[J]. 内燃机车,1993 年,232 卷(6 期):6-8.

[12] 韩长虎. 应用开放式和保守式操纵方法的探讨[J]. 内燃机车,1993 年,236 卷(10 期):5-8、41.

[13] 韩长虎. 机车安全经济操纵理论付诸实际的可行性研究[J]. 内燃机车, 1994 年, 243 卷(5 期):22-26.

[14] 韩长虎,傅文森,王志刚. 列车跟踪运行操纵理性探讨[J]. 内燃机车, 1995 年,261 卷(11 期):24-28.

[15] 韩长虎. 内燃机车两种宏观经济操纵方法的构思[J]. 内燃机车,1992 年,221 卷(7 期):17-20.

[16] 韩长虎,史东升. 列车牵引操纵程序的优化设计[J]. 山东铁道,1998 年,53 卷(3 期):27-28、84.

[17] 韩长虎,傅文森. 也谈防止折角塞门关闭问题[J]. 铁道安全,1999 年,34 卷(1 期):55-57.

[18] 王晓军,韩长虎. 重载货运列车在困难上坡道起停优化操纵方法探讨 [J]. 内燃机车,1999 年,304 卷(6 期):47-48.

[19] 靳承林,韩长虎. 优化货物列车运行诸问题的现实性思考[J]. 铁道运输与经济, 1999 年,21 卷(11 期):4-6.

[20] 韩长虎,靳承林,董学良. 内燃机车牵引运行优化操纵第一论断[J]. 内燃机车, 2000 年,318 卷(8 期):20-23.

[21] 韩长虎,史东升.优化车机联控制度之研究[J].山东铁道,2001 年，66 卷(4 期):22-24.

[22] 韩长虎,梁绍敏,王秀华.列车节能运行两个论断之探讨[J].内燃机车,2002 年,338 卷(4 期):16-19.

[23] 韩长虎,郝建杰,徐强.列车制动耗能一般意义公式及机车优化操纵侧重点问题[J].铁道机车车辆,2004 年,25 卷(2 期):47-49.

[24] 史东升,韩长虎.货物列车运行中突起非常停车的综合判断处理[J].山东铁道,2004 年,76 卷(2 期):13-14、26.

[25] 韩长虎,李志伟,王志刚.机车操纵与基础设施优化[J].中国铁路 2005 年,522 卷(12 期):25-28.

[26] 徐强,孙永胜,韩长虎.列车节能运行第三论断[J].内燃机车,2008 年,410 卷(4 期):34-36、39.

[27] 韩长虎.电力机车牵引运行节能操纵第一论断[J].山东铁道,2009 年,98 卷(4 期):14-18、50.

[28]《机务部门非正常情况下行车应急处理预案及乘务员关键作业》机安函[2007]76 号